# EVの終焉とエネルギー利権の戦い

―日本企業の復活が見えた！―

深田萌絵
Moe Fukada

ビジネス社

# はじめに

２０２０年、日本政府は「２０３５年までにガソリン車の新車販売の全面禁止」という目標を発表した。ここで、低燃費のガソリン車を得意とする日本の自動車メーカーに衝撃が走った。それは政府による日本の自動車産業に対しての「死刑宣告」も同然で、言い換えれば、政府主導による日本経済衰退を意味する。

筆者は２０１５年頃から自動車メーカーに自動運転用ソリューションを提供する仕事に従事してきたが、世界的なＥＶ化の流れに危機感を抱いていた。それは、安全性の面だけではない。ＥＶはガソリン車と比較すると部品点数は3分の1、構造もシンプルなことから製造が簡単なので、いずれ技術がコピーされ、中国が世界の自動車工場になることを予見して、そうした流れに警鐘を鳴らしてきた。

日本の自動車産業は、ＧＤＰの２・４％を占める。ＧＤＰ構成上の付加価値ベースで割合はそこまで大きく見えなくても、就労人口は約550万人と我が国の全就労人口の約1割にのぼる。

それだけでなく、全製造業における自動車製造業の製造品出荷額等は約56兆円（約17%）、設備投資額は約1・4兆円（約26%）、研究開発費は約3・6兆円（約29%）を占め、産業だけでなく日本経済全体へのインパクトは大きい。

筆者自身もIT企業を経営しているが、ガソリン車の新車販売禁止による自動車産業へのインパクトを憂いている。すでに、エレクトロニクス企業の大手は弱体化し、新しい技術に対する開発予算を持っているのはロボティクスや自動車産業の大手企業くらいで、我が社のような零細企業は、それを頼りにしてきた。ガソリン車の新車販売禁止によって日本の自動車メーカー自体が弱体化すれば、影響は傘下の企業だけでなく私たちのような研究開発を主な事業の軸としている企業にとっても危機につながる。

振り返ると、環境に良いという根拠が不明確な脱炭素推進の流れが強まったのは、東日本大震災あたりからではないだろうか。

震災により福島第一原発が事故を起こし、原発反対運動が強まった。東日本の原発は次々と操業が停止され、それと並行して脱炭素を理由に火力発電に対する風当たりも強くなり、世界は自然エネルギーの活用に舵を切り始めた。太陽光、風力、水力は環境に良いという幻想に取りつかれた人々によって、火力発電は徐々に追いやられた。

パンデミック後から半導体不足に陥った世界各国では自動車の減産に追い込まれ、２０２３年には中国が自動車輸出台数世界一の４９１万台となった。その主力はもちろんＥＶ。ガソリンで動かす内燃機関車は３万点の部品が必要だが、ＥＶは１万点と少なく、簡単に製造できるために中国でもできる。中国はドイツと組んで日本車潰しのためのＥＶ推進を仕掛けていたのだ。

そこで、見落としてはならないのがエネルギー覇権である。

ロシアのウクライナ侵攻で露呈したのは、資源を持たないＧ７諸国とロシアを中心とする資源国ＢＲＩＣＳの対立という構図だ。

資源を持たない国が経済的勝利を収めるために、政治的に化石燃料禁止を推進して資源国の弱体化を図ろうとしていた。先進国のロシア制裁で天然ガス価格が高騰し、ロシア産天然ガスに依存する欧州各国で電気代の高騰が取りざたされた。

一方で、中国は世界各国の送電網を接続して電力輸出ビジネスの準備を着々と進めており、それを推進するのが（後で詳しく述べる）中国「ロゴ」問題で取りざたされた中国国家電網という国営企業だ。脱炭素で世界がＥＶを推進するほど、中国の自動車輸出が伸び、中国産電力に各国が依存する世界へと移行する未来図が浮上している。

そこで、電気代高騰、薄利のＥＶ推進に最も苦しむドイツが動き、ＥＵは２０３５年に内燃機関車の新車販売禁止を一部撤回するに至った。米国でも自動車団体がＥＶに対する需要が低いために、２０３５年に１００％ＥＶ化は不可能だと抗議をしている。

日本はいつまで中国の言いなりになるのか。ＥＶ推進で日本の自動車産業は打撃を受け、経済成長の足かせとなり、最後はエネルギーを中国に依存することになる。脱炭素というグローバル基準のゲームの枠組みのなか、自動車産業とエネルギー覇権の世界で日本が生き残る戦略はあるのか。

本書では、自動車ビジネスにフォーカスするだけでは見えてこない産業の構図をグッと広げて、国際社会におけるエネルギー覇権の観点からその流れを読み解き、日本のエネルギー戦略に警鐘を鳴らし、自動車メーカーの取るべきソリューションについて語る。

非合理的な政策推進の裏側には必ず、ある利益グループにとっての合理的な答えがある。本書を読むことによって、環境を破壊するリチウムイオン電池型のＥＶや太陽光パネルが政治的な思惑を持って進められているという構造を共有したい。

仕掛けられたゲームの構造を知ることにより、自分たちにどのような次のアクションを起こせるのか、戦略を練るヒントになることを願う。

２０２４年10月

深田萌絵

## はじめに

EVの終焉とエネルギー利権の戦い——目次

はじめに　3

第1章　EV推進はオワコン

世界はEV推進政策の転換期へ　17
トヨタ社長怒りの会見　20
EVの火事になす術なし　25
メーカーマニュアルでは消火不可能？　28
中国が日本を抜き世界一の自動車輸出国へ　34
中国が自動車世界一になったカラクリ　38

半導体の支配者がキングメーカーに　40
中華企業の日本買い。次は自動車　44
走行距離課税案の出所は中国　47
兵器EV化で日米は滅ぶ　50
EVの墓場　56
欧州でグリーンディール政策に変化　59
ガソリン車ゼロを撤回せよ　61

## 第2章　自動運転時代の課題

自動運転車の時代　67
自動運転幻想による事故　71
自律型自動運転の限界　77

AI見間違いが笑いグサ 82
AIは誰を轢き殺すべきか 86
日本政府はAI轢き逃げ無罪の方向へ 88
中国は中央集権型ロボタクシーへ 90
最先端半導体は自動運転を救うか 95

## 第3章 太陽光VS原発推進のウラ

日本を脅かす電力不足の背景 101
太陽光パネルこそ環境汚染 107
太陽光パネル利権VS原発利権 113
派閥争いで日本は電力不足 119
新電力会社連続倒産事例の原因は利権 125

太陽光発電利権の裏側　133
電力会社丸儲け!!　新原発推進政策「設備投資は国民負担」　139
利権争いで揺れる言論界と政界　143

# 第4章　新世界エネルギー秩序

「BRICS」VS「G7」　149
米シェール革命から始まる資源国封じ　154
欧州のロシア依存　161
欧米のロシア制裁で漁夫の利　164
ロシアのアメリカ対策　166
ウクライナ侵攻から見えてくる利害構造　168
アメリカによる欧州弱体化　171

OPECがアメリカに反旗 174
中国「ロゴ」問題 177
浙江財閥の世界支配 183

# 第5章 水素の時代へ

注目される水素 193
水素の種類と燃料電池 196
アメリカ情報機関の裏側 199
なぜ、開発に力を入れたのがNROだったのか 203
アメリカの新技術開発の構造とは 206
水素自動車の課題とは 209
愛されるか否か、それが問題だ 211

エコビジネスの厳しい現実 215
チェンジ&チャレンジ 220
政府は間違ったことがない？ 226
おわりに――未来は無限の可能性を秘める 231

# 第1章

# ＥＶ推進はオワコン

## 世界はＥＶ推進政策の転換期へ

日本の大手メディアが「世界では脱炭素推進でＥＶの推進が進んでいるが、日本は技術的に遅れているのでＥＶ需要のトレンドに乗り遅れている」といった論調で、米テスラや中国のＢＹＤなどのＥＶを持ち上げては、何年も日本企業批判を繰り返してきた。

あたかも「欧米は脱炭素政策のために全ての自動車をＥＶにする」かのように日本では語られてきたが、すでにそういった流れは転換期に来ている。

そもそも日本の自動車開発の現場は、ＥＶに対して冷ややかに見てきた経緯がある。弊社では、自動運転用ソリューションの一部として通信や三次元画像認識の開発を行ってきたので、何年も日本の大手自動車メーカーと、ソリューションプロバイダーとして取引してきたが、これまでに出会ったメーカーの技術者で、ＥＶを推奨している人にほとんどあったことはない。

それどころか、「なぜＥＶに力を入れないのか？」とメーカーのエンジニアに尋ねると、

ＥＶは走行距離や重量、バッテリーが長持ちしないなどの技術的問題がまだまだあり、充電ステーションが都心に集中しているので、都心から離れた人が使うにはガソリン車とＥＶの二台持ちでないと難しいなど、現実的な問題が残っているために需要がそこまでないという。

そもそも日本のガソリン車はすでに欧米製よりも低燃費でエコであり、さらにハイブリッド車なども人気なので、わざわざ充電しないと使えないＥＶに対する需要がそこまでない、という現実的なハードルがそこにあったのだ。

加えて、ＥＶ推進は日本の自動車メーカーを弱体化させるための欧州の戦略にすぎないので、日本のメーカーは乗り気ではなかった。日本の自動車が安くて燃費が良くて環境にも優しい。欧州は、普通に市場競争では勝てないため、脱炭素を盾にＥＶを世界で推進することによって、日本の自動車メーカーに打撃を与える奇策を打ってきただけだ。そのために欧州は中国と組んでＥＶを推進してきたのだが、その様相がある事件をきっかけに様変わりした。

コロナ禍の２０２１年に起こった半導体不足で日本、欧州、米国の自動車メーカーは自動車用半導体を調達することが困難となり、自動車生産台数を減産せざるを得なかった。その一方で、２０２０年頃の中国の自動車輸出台数は１００万台ほどだったのが、２０２１年には約２００万台、２０２２年は３００万台、２０２３年には４９０万台、と半導体不足が起こった3年で約5倍となったのだから、泡を食ったのは欧州勢である。

欧州はＥＶ推進で日本を倒す予定だったのが、中国に市場を乗っ取られたことに今さら気が付いた。

それまでは、炭素排出削減の目標達成を目指し、内燃機関車の代替としてＥＶの普及を奨励してきたが、実際の市場動向やインフラ整備の遅れ、ロシアのウクライナ侵攻によるガス・電気代の高騰により、ドイツですら政策の実現性に疑問符がつき始めた。ロシアに対する天然ガス輸入制裁でガス代が高騰し、電気代もそれに伴って高騰したことから、「ガソリンよりも電気で走るほうが安い」というイメージ戦略までもが崩れたのだ。

ロシアのウクライナ侵攻による影響でドイツは２０２２年、光熱費を下げるために６５０億ユーロ（約9兆円）もの補助金を付けて電気代の上限を設けたが、このままＥＶを推進すればドイツの財政にも負担が重たすぎる。

2023年にドイツが内燃機関車を全面禁止にする政策を取りやめたことを機に、各国で推進されてきたEV普及政策が新たな転換期を迎えている。それなのに、日本のメディアはいまだに「日本はEV推進が遅れている」という時代遅れの報道を流しているのだ。

そもそもEVはエコでもなんでもない。そのうえ、推進すればするほど日本の自動車産業が衰退し、勤労者が職を失う構造になっている。そういった課題について、いち早く警鐘を鳴らしたのは、誰でもない日本が誇る自動車メーカー・トヨタ自動車の豊田章男会長だった。

## トヨタ社長怒りの会見

2020年12月、日本政府が2035年をめどにガソリン車の新車販売禁止を発表し、それに対して、当時トヨタの社長だった豊田章男氏が、オンライン記者会見を開催して苦言を呈した。

――日本はすでに電動化が世界でも最も進んだ国でもあり、世界一のノルウェーに次いで電動化は35％、台数では世界一であり炭素排出量も大幅に削減が進んでいる。

当時、欧州は日本車に対抗するため、日本勢が力を入れてないＥＶ推進を政治的に呼びかけ、その翌年の２０２１年に欧州は日本が得意なハイブリッドもガソリン車だとして２０３５年以降禁止する方向に動こうとしていた。

――（日本の自動車に対する）これ以上の炭素削減は、産業に押し付けるだけではなく国家としても取り組まなければ無理だろう。

その背景には、電力のエネルギー構造がある。日本のエネルギー構造は、火力発電が77％、再エネと原発で23％であるのとは対照的に、ドイツは再エネと原発が47％で残りの６割弱が火力、フランスは再エネと原発で89％、火力は11％というエネルギー構造になっている。

火力発電に依存する日本でのＥＶ化が脱炭素に貢献するかどうかということ自体に疑問が抱かれる。炭素排出量という観点で自動車を測ると、トヨタの同じ車種でもフランスで製造したクルマのほうが日本で製造したクルマよりも「良い」という評価になるのはいかがなものか、と豊田氏は疑問を投げかけた。

そのうえ、仮に乗用車４００万台全てをＥＶ化すると、夏のピーク時には電力不足になる。それを補うのに発電能力を10〜15％増強するには、原発10基から火力発電20基を増設しなければ賄えないことも指摘した。また、充電ステーションの増設のために、最低14兆円から最大37兆円ものインフラコストを必要とする。

それだけではない。自動車工場はＥＶの完成試験に充放電試験が課されるため、ＥＶ１台当たり家１軒の１週間分の電力を必要とする。これを年間50万台の工場で換算すると、火力発電で$CO_2$を排出して作った電気を毎日５０００軒分、充放電して無駄に電気を捨てるのが本当にエコなのか、ということも含めて政治家が正しく理解しているのかと投げかけた。

この記者会見における豊田氏の意見は極めて正論だ。

ＥＶは必ずしもエコではない。ＥＶ推進で、電力を浪費し、火力発電所から炭素が排出されるためにエコだとは言いがたい。出荷時点での日本製ＥＶはガソリン車の2倍以上炭素を排出しており、ガソリン車がＥＶよりも炭素を排出するのは、実に11万キロほど走ってからである。

しかも、ガソリン車は11万キロ走るまではＥＶよりも炭素排出量が少ないだけではない。ＥＶは数年ごとにバッテリーを交換しなければならないので、交換のたびにバッテリー製造時の炭素排出量が加算されるので、本当にエコかどうかは甚だ疑問だ。

ＥＶを製造して充放電試験のために電力を浪費し、メーカーによっては電池交換で１００万円以上かかり、有害な廃棄バッテリーは産廃物として地中に埋められる以外に処理方法がないなど、環境負荷は重いのだ。

労働市場にもネガティブだ。日本の自動車メーカー傘下の企業は内燃機関車向けの部品メーカーがほとんどで、ＥＶ化で日本の自動車産業従事者５５０万人のうち１００万人が職を失うとも言われている。

トヨタは全方位開発であるため、ＥＶの技術も持っているが、ハイブリッド車に需要があるという現実路線を走ってきていたので、それまではEV参入を控えていただけだ。

筆者もトヨタの自動運転開発の下請けに入っていた時期があるが、トヨタは全ての考えられる分野の技術開発を常に行っており、予算も意欲も業界トップレベルだった。自動運転の分野でも最先端で研究を重ねており、最高級のセンサー機材をたくさん載せた試験車を一番多く持っていたのもトヨタ。筆者は、そんなトヨタが率いる日本の自動車メーカーをメディアが叩くのを悔しいと思って見てきたひとりである。

だからこそ、豊田氏が怒りに声を震わせたのも理解できる。味方であるべき日本政府がガソリン車の新車販売禁止を言い出して自動車産業を潰しにかかり、勤労者から職を奪おうとしている。

半導体不足が始まりつつある時期に、ガソリン車の数倍の半導体チップが必要となるEVを推す意図は何なのか。車載チップの供給が絞られている日本の自動車メーカーは苦境に立たされ、台湾と組む中国の自動車メーカーばかりが有利になるのは見えていた。

2020年末の時点で、低コストでEVを製造できるのは中国であり、日本政府がガソリン車の新車販売を禁止すれば、日本の自動車メーカーはサプライチェーンが弱体化するのは、誰の目にも明らかだった。それなのに、欧州がハイブリッド車をガソリン車に分類して禁止することに異論すら唱えない。日本政府の弱腰には呆れるものがある。

既存のガソリン車工場への新規投資は控えられる一方で、ＥＶの工場へ転換することは容易ではない。企業の合理的判断としては、ＥＶのサプライチェーンがすでにできあがっている中国に移転するほうが早いためだ。

豊田氏は、言葉には出さなかったが、日本政府の裏切りで中国が自動車輸出トップに躍り出る日を予見していたに違いない。だからこそ、会見では、ひしひしと怒りがにじみ出ていたのだろう。

## ＥＶの火事になす術なし

日本のメディアはＥＶを絶賛しているが、海外メディアはＥＶ絶賛一本槍というわけではない。高級住宅街に住む人が停めていたＥＶから発火して自宅が全焼する事件が何件も報道されている。

ＥＶによる火事は深刻な問題となっているのに、日本ではほとんど報道されていないのが不思議なくらいだ。

例として、ウォール・ストリート・ジャーナルの「燃えるＥＶ、最善の消火方法は『何もしない』」という報道を紹介する。

「消防隊員は、電気自動車（ＥＶ）が発火した際の最も確実な対処法を把握しつつある。離れてただ見ていることだ。ＥＶはガソリン車とは燃え方が違う。消防士や研究者によると、ＥＶは長時間燃え、消火が難しく、再燃しやすい。

米テネシー州フランクリンの消防隊は９月、燃えるＥＶを初めて目の当たりにした。日産自動車の北米本社の外で、『リーフ』が充電中に発火した。アンディ・キング消防署長によると、消防隊は数時間かけて4万５０００ガロン（約17万リットル）を放水した。通常のガソリン車の火災では５００〜１０００ガロンでいいという」

この記事からわかるように、ＥＶはガソリン車よりも格段に消火が難しいうえに消火に必要な水量は45倍から90倍だ。ＥＶに搭載されるリチウムイオン電池は、不安定で燃えやすいという性質を持っているためだ。そもそも、電解液が可燃性であること、そしてプラ

リチウムイオン電池発火の構造

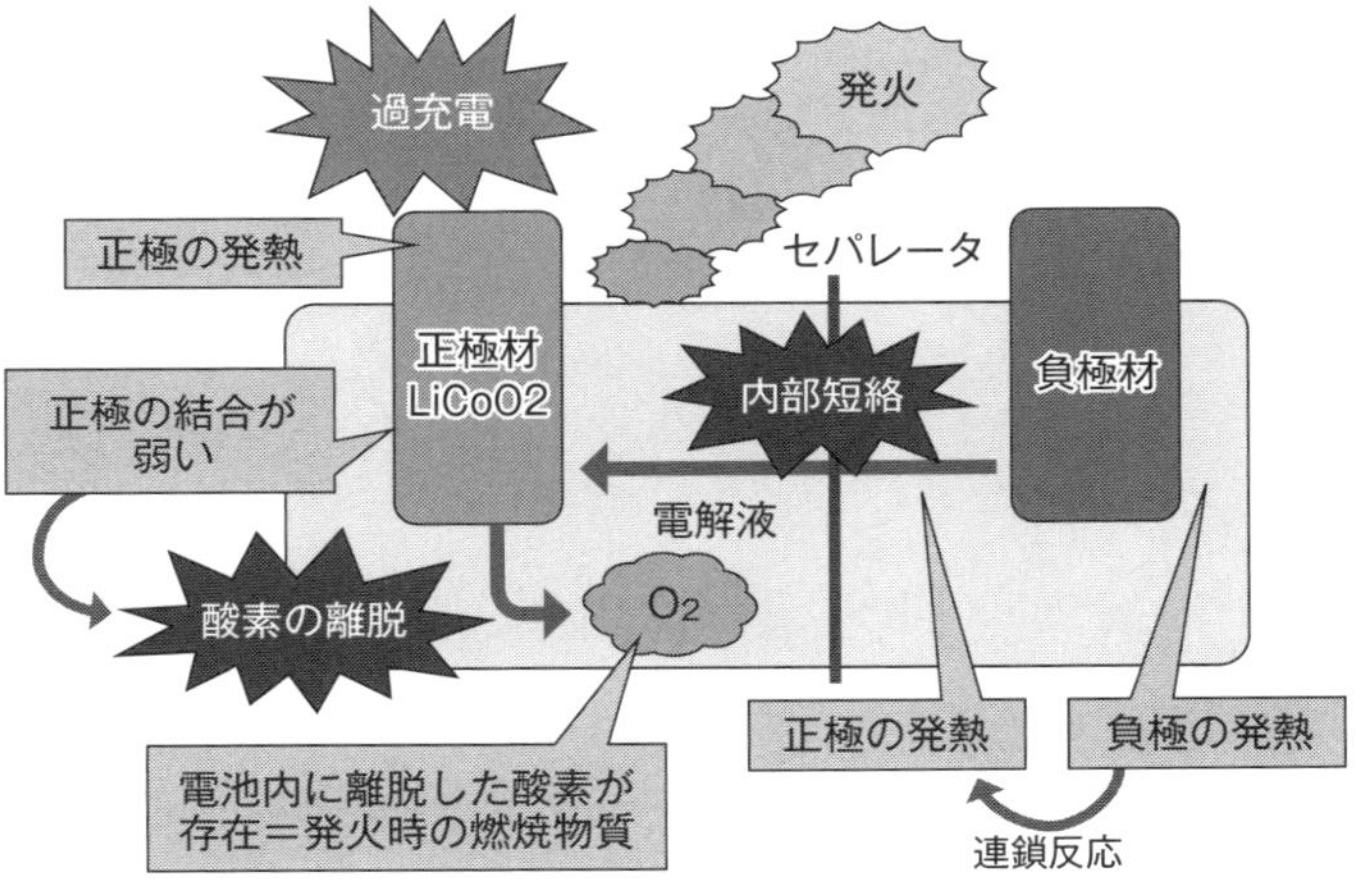


スの電極も可燃物質であることが多いので、バッテリー内のセパレータが割れるとショートして自然発火すると燃えはじめる。

事故後のＥＶはバッテリーカバーに亀裂が入っていることもあるため、消火のためにＥＶに下手に放水すると、バッテリー内に水が入ってショートを起こして燃え始める。そして燃え始めると、中途半端な量の水をかけたら、さらに燃えてしまう。そのため、大量の水が用意できないのなら放置する以外に術はないのである。

それなら酸素の供給を断てばいいではないかと思うかもしれないが、リチウムイオン電池は燃えると電極が熱分解し、自ら酸素を発生させる課題もある。

筆者は仕事で開発中のEVに触れることがあったのだが、調べれば調べるほど消火方法がわからずに自分では買わない方針にした。報道を見ていると、専門家である消防士も「消火が難しい」という結論に至ってしまったようだ。一部では、EV用に耐火シートで消火を行う方法も発案されているが、広まってはいない。

残念ながら、こういった問題はなかなか報道されない。自動車産業は、日・米・欧州各国で一大産業なので、自動車メーカーの自動車自体に問題があってもなかなか触れられない。正直な報道が流れるとは限らないという複雑な状態にある。

EVが流行っているシリコンバレーを訪れると、高速道路の脇に黒ずんだ場所を時折見かける。現地の人によると、EV火災事故では燃え尽きるまで放置されるため、ハイウェイにはところどころ黒ずんだ跡が残るそうだ。

## メーカーマニュアルでは消火不可能？

自動車関係の仕事で訪れた試作車のテストサイトには、「ＥＶが事故に遭った時は、絶対にドライバーをレスキューに行ってはいけない」という厳しいルールがあった。目の前で事故が起きれば助けに行きたいと思うのが人情だが、それは危険だという。試作車は漏電・感電対策が製品用自動車ほどなされていないので、素人が下手に触ってはいけないというのが安全管理上のルールだそうだ。

もっとも、そういった安全上のルールを知れば知るほど、本当に製品版のＥＶが安全なのかどうか疑問を抱くようになった。仮に自分の家族が目の前で事故に遭い、ＥＶ内に閉じ込められたらどう対処すべきかと考えて、某自動車メーカーの緊急時対応マニュアルをダウンロードして読んだのだが、少なくとも電気工事音痴の筆者には対応できない代物だと確信した。

決して自動車メーカーの営業妨害をしたいわけではないが、一度でもマニュアルを読めば一般人の手に負えないとわかってもらえると思う。

マニュアルにはこうある。

「本マニュアルは、ＥＶの乗員救助ならびに事故処理等を行う際の注意事項を記載しています。

ＥＶは高い電圧のバッテリーを搭載した電気自動車であり作業中の取扱いを誤ると、感電など重大な損害を受けるおそれがあります。安全に作業をしていただくためには、事前に本マニュアルを熟読いただき、注意事項を遵守してください。

警告　記載事項を守らないと、死亡や重大な傷害につながるおそれがある。」

マニュアルの冒頭から、なにやら不穏な文言だが、さらに読み進めるとこれが決して大げさではないことがわかる。

まず、ＥＶが事故に遭った場合は、「高電圧作業中!!危険！触るな！」の表示を行って周囲に注意を促さなければならない。そして、車内に搭載されている電子機器を動かすためのバッテリーを外すと、窓を開けたり、その他の操作ができなくなるので作業の順番には注意が必要だ。

そして、モーターを動かすバッテリーは、車種によっては６５０Ｖという高電圧であり、エンジン音がしなくてもシステムがオフとは限らないので、高電圧の隔離と遮断を確実に行わなければならないが、その作業自体が複雑だ。

そのうえ、駆動用バッテリーの電解液は、モノによっては空気中の水分と反応して毒ガスを発生させる。そのため、毒ガスマスク・耐溶剤手袋・保護メガネを着用しなければならない。そして、電源が落ちていたとしても、常に高圧で通電しているという状態なので、注意が必要である。

死刑用に開発された電気椅子の２０００Ｖと比べると、６５０Ｖは3分の１くらいなので大したことないと思うかもしれないが、流れる電流の量と関係がある。静電気は３００Ｖで電流は数ミリアンペアなので大きな害はない。これが50ミリアンペア、１００ミリアンペアになると死んでしまう。20ミリアンペアでも、継続して流れると死亡する恐れがあるので油断はできない。

マニュアルを読んで言えることとは、ＥＶで事故に遭ったら、バッテリー周りの部品やケーブルには触れずに、まずは車両から離れることだ。幸いにも、日本の自動車メーカーは厳しい安全性試験をクリアしているので今のところ漏電事故は聞いたことはないが、海外メーカーのバッテリーには注意が必要だ。

危ないのはやはり発火だ。日本製ではそこまで発火事故は報告されていないが、外国製のＥＶでは突然燃え上がったり、自然発火していきなり爆発するというケースも少なからずある。

原因は、液体のリチウムイオン電池だ。リチウムイオン電池の中身は電解液をセパレータでプラスとマイナスに分けているのだが、事故の衝撃でセパレータにヒビが入ると液が染み出すのでプラスとマイナスが触れ合ってショートしてしまう。そうすると燃え始めるのだが、電解液も電極も可燃物質なので良く燃える上に、リチウムイオン電池は高温で酸素が発生するので、ことさらよく燃えるのである。

日本の自動車メーカーでは聞かないＥＶの爆発事故だが、外国製ＥＶに乗る際には、バッテリーから煙が出たらすぐに逃げたほうがいい。駐車場に止めていただけの高級ＥＶから突然煙が出て、炎に包まれる事故も報告されている。

最悪なのは、衝突や爆発の際に、バッテリーのセルが飛び出して二次災害を生むケースだ。火だるまのバッテリーセルが車体を突き破ってミサイルのように飛び出し、人に当たって火傷をさせたり、建物に当たって別の火事を引き起こすこともある。

余談だが、ＥＶによっては、ハイテク感を出すためにドアが機械式のハンドルではなくボタンで開くタイプがある。このボタンは電気系統が落ちると開かなくなり、別の場所にあるハンドル操作で機械的に開けることができるのだが、そのハンドル位置がわからず、燃える車両のなかから逃げられずに死んだ人もいる。

外から開けようにもデザイン上ドアノブが出てこない車両もあるため、一見オシャレなデザインには注意が必要だ。そもそもＩＴ系エンジニアの発想で開発される自動車には、根本的な設計思想から違いを感じる。安全性能以上に、デザイン性を優先しているのではないかと疑うことが多々あるのだ。

ちなみに、ハイブリッド車にもバッテリーは搭載されているが、ＥＶに比べるとバッテリーサイズは小さい。ＥＶのバッテリーは大きいのでリスクも格段に上がる。ガソリン車だってよく燃えると言われるが、ガソリン車の火事の消火活動はリチウムイオン電池ほど複雑ではない。水をかければ消えるし、ガソリンが漏れたら目に見えるわけだ。

対してＥＶは、中途半端な量の水をかければ余計に燃えたり、目に見えない高圧漏電リスクや、毒ガスが出てくるなどの複雑な状況に見舞われる。そう考えると、同じ事故に遭うなら、筆者ならガソリン車で事故に遭うことを選ぶ。生き残れる可能性が高いからだ。

ＥＶの構造を初めて見た時、よく燃える巨大なリチウムイオン電池が車体の底に入っているのを知って恐怖を感じた。フロントから燃えたら逃げる時間があるが、足元から燃えた時には逃げる時間があるのだろうかと、ついつい不吉なことを考えてしまったのだ。ＥＶ推進には、バッテリーの安全性能に対してより厳しい基準を設けるべきだろう。

一度でもＥＶ緊急時対応マニュアルを読んでもらうと、ＥＶ取り扱いの難しさを理解していただけると思う。私たちにできることは、消防署にメーカー名と車種を正確に伝えることだが、クルマに興味のない人にそれが説明できるのかという疑問と、たとえ車種名を正確に言えたとしても消防署や警察側に専門家が常駐しているとは限らないことも覚悟しておかなければならない。

トヨタがＥＶの技術を持っているにもかかわらず、なかなかそれをリリースしなかったのはメーカーとしての良心であって、技術が遅れていたわけではない。

## 中国が日本を抜き世界一の自動車輸出国へ

このような、ＥＶを巡る問題が山積するまま、ついに、中国が世界一の自動車輸出国となる日が来た。

２０２３年の中国の自動車輸出台数は４９０万台となり、日本が長年守ってきたトップの座は奪われた。日本の自動車産業が中国に奪われる――このことを筆者は２０１９年から「ＣＡＳＥ革命は日本車を潰す」として警鐘を鳴らしてきた。ＣＡＳＥとは、Ｃはコネクテッド、Ａは自動運転、Ｓはシェアリングサービス、Ｅは電動化を表し、その頭文字を取ったものだ。

コネクテッドは中国が作った通信規格である５Ｇ通信で、全ての自動車を通信でつなぐ方向に向かっているので、中国が儲かるうえに自動車の情報を全て手中に収めることができる。

自動運転の中身はＡＩ化だ。ＡＩ化に必要なのは半導体である。自動車に必要な車載チップの７割は台湾の大手半導体製造ＴＳＭＣ（台湾積体電路製造）が製造し、市場を支配している。

先に述べたように、２０２１年以降、世界は半導体不足に陥り、各国の自動車メーカーが減産を余儀なくされたなか、中国だけは自動車を増産し輸出を伸ばした。2020年に約100万台だった輸出台数が、2021年に約200万台、23年に490万台と急増している。

その躍進を支えたのが、世界最大手の半導体製造であるTSMCである。同社は本社こそ台湾だが、バックは中国だ。

2021年に起こった自動車産業における半導体不足は、単にTSMCが自動車メーカー向けに約束していた半導体を出荷せずに、中国へ振り分けて世界の自動車メーカーを減産に追い込んだだけの話なのだ。減産された分だけ中国製のEV輸出が伸びたというのは、市場競争の結果ではなく〝不正競争〟の結果だ。

シェアリングサービスとは、MaaS（モビリティ・アズ・ア・サービス）に代表されるような配車システム。これは、ソフトバンクが世界のMaaS企業をほぼ支配している。後述するが、中国と近い関係にあるソフトバンクグループ会長兼社長の孫正義氏は、日本の送電網も同時に牛耳ろうとしている。

電動化も同時に推進されているが、EVは前述の豊田氏のご指摘通り、必ずしもエコだとは言えない。そんななか、ＥＶが推進されている背景には、排ガス規制不正を日本企業に指摘されて弱ったドイツを中国がそそのかし、ドイツが「日本製自動車ひとり勝ちを覆すにはＥＶ推進しかない」と欧州でのＥＶ推進の音頭を取ったことにある。

中国の狙いは、世界の電動化により、その大元となるリチウム鉱山を抑えている中国が世界の自動車工場となることだった。そして、その狙いは当たった。

電動化の弊害はそれだけではない。機械的な機構が複雑な内燃機関車の技術を中国がコピーするのは難しいが、ＥＶは内燃機関車よりも部品点数が格段に少ないため、バッテリー、電動モーター、半導体の技術を押さえればコピーは難しくない。何年もかけて、日本の自動車メーカーの技術がどんどん中国に移転されていき、最後はコストで勝てなくなったというお決まりのパターンにハマったということだ。

繰り返しになるが、ＥＶはエコでもないし、バッテリー交換はコスト高、リチウムイオン電池の処理などを勘案した場合、下手をするとガソリン車以上の環境汚染が待っている。中国は石炭による火力発電が６割なので、製造されたＥＶはかなりの炭素を排出済みで全くエコではないシロモノだ。

地域的な包括的経済連携（通称、ＲＣＥＰ）の発効に伴い、中国メーカーは東南アジアで低価格の自動車とＥＶを投入し、日本車のシェアを奪っていった。そして、中国製ＥＶが世界を席巻する時代に突入した。

## 中国が自動車世界一になったカラクリ

中国が世界一の自動車生産大国となれたそのウラにはカラクリがある。

仮に世界が内燃機関車、要はガソリン車を推進する環境であったら、中国は絶対に世界最大の自動車工場となりえたはずがなかったのだ。なぜならば内燃機関車はＥＶに比べて日本企業や欧米企業の技術を盗むのが難しいためだ。

ガソリン車はＥＶに比べて３倍以上、おおよそ３万点にのぼる部品点数があり、内燃機関車の部品は素材の技術、メカニカルなエンジニアの熟練度、そして中小企業のサプライチェーンに下支えされなければならないため、コピーは難しい。

それに対してＥＶは内燃機関車のように機構が複雑ではなく、バッテリーと電動モーターだけで駆動するシンプルな仕組みであるので他社製品の真似をしやすい。それこそがガソリン車で弱かった中国がＥＶ製造に力を入れた背景である。

要は中国自身が自動車の生産大国になるためには、世界でガソリン車を禁止してＥＶをグローバルポリシーとして推進する必要があったのだ。そこで、日本の自動車メーカーに燃費や炭素の排出量で負けていた欧州勢に中国はすり寄り、脱炭素をテコに世界各国でガソリン車を禁止してＥＶに切り替えるようにロビー活動を始めたのである。

それが功を奏して、各国で２０３０年や２０３５年をめどにガソリン車を全面禁止する流れとなったわけである。そしてＥＶの導入を支援するために、各国政府はＥＶの購入に多額の補助金を出してまで自国民にＥＶを購入するように推奨した。

中国からすると、わざわざ中国メーカーのブランド名で中国製ＥＶを販売する必要もなく、自分たちはＥＶに必要なリチウムやレアメタルが採掘できる鉱山投資に注力してレアメタル市場の供給を支配することで、リチウムイオンバッテリーの製造で世界一となれる戦略できた。

資源を押さえた中国にとってリチウムイオンバッテリーの市場シェアを支配することは

たやすく、ＥＶのなかで最もコストが高いバッテリーを通じて、ＥＶ市場を支配できると計算していたのだ。

## 半導体の支配者がキングメーカーに

そして見逃してはならないのが、台湾で半導体産業を牛耳る「浙江財閥」の存在だ。浙江財閥とは、戦前国民党のトップであった蔣介石の妻・宋美齢を送り込んだチャーリー宋を中心とするコングロマリットのことで、メンバーの大半が浙江省あるいは江蘇省出身の実業家であったため、日本の新聞社からその名で呼ばれていた。

戦後、蔣介石は国共内戦に敗れて台湾に渡り、その際に浙江財閥の企業家たちも共に台湾へと渡ってきた。いまだに台湾の経済界は、大陸から渡ってきた浙江省や江蘇省出身の中国人に牛耳られており、特に半導体産業は浙江財閥の牙城となっている。

浙江財閥の中心が半導体ビジネスとなった背景には、台湾の半導体製造大手のＴＳＭＣの存在とそれをウラで支えた華新焦家と呼ばれる一族の存在がある。

ＴＳＭＣの創業者モリス・チャン（張忠謀）は中国で生まれ育った生粋の中国人で、国共内戦が終わった頃に渡米してハーバード大学に入り、ＭＩＴ（マサチューセッツ工科大学）に転入して工学を学んだ。卒業後は半導体企業に入社しテキサス・インスツルメンツに転職して最後は副社長の座にまで就いた。そして１９８７年、彼は台湾に渡りＴＳＭＣを創業し、現在に至る。

あえて言えば、彼は台湾人でもなんでもない。西側諸国の仲間である台湾というポジションを利用して欧米から半導体技術を取り込み、台湾の半導体製造業を伸ばした。その傍ら、中国の半導体製造を支えるというウラの顔を持った生粋の中国人であり、中国でも愛国者として絶賛されている。

習近平政権にとっても、ＴＳＭＣは、中国が製造強国になるための産業政策「中国製造２０２５」の夢を叶える中心企業である。特にアメリカからスパイ企業と呼ばれ、トランプ政権時代に制裁対象となったファーウェイの技術を支える戦略的パートナーだ。

アメリカ政府がどんなに中国の半導体製造の強化を防ごうと禁輸措置を取っても、中国の半導体製造能力が何ら問題を抱えずに向上してこられたのは、台湾という地域がアメリカを裏切り中国に技術を移転し続けたためである。

その中心にいたのが台湾大手半導体製造ＴＳＭＣの実質支配者である華新焦家の跡取りで、台湾メモリ製造中堅ウィンボンドおよびヌヴォトンテクノロジー（新唐科技）のＣＥＯであるアーサー・チャオ（焦佑鈞）や、ＴＳＭＣ創業者のモリス・チャンの元部下で、中国大手半導体製造ＳＭＩＣの創業者チャン・ルーチン（張汝京）などだ。

この浙江財閥は昨日今日できたわけではない。資料で確認できる範囲でも、戦前から協業関係にあった浙江省、江蘇省出身の起業家たちの末裔で成り立っており、血縁関係も広がっている。

例えば、ＴＳＭＣの創業者モリス・チャンの妻はシャープを買収したフォックスコン（鴻海精密工業）の創業者テリー・ゴウの母のいとこである。大手ＣＰＵメーカーの米ＡＭＤのＣＥＯであるリサ・スーは、ＧＰＵ大手の米エヌビディアのＣＥＯであるジェンスン・ファンと血縁関係だと指摘されている。

彼らも戦後浙江省や江蘇省から渡ってきた一族の末裔である。そして、モリス・チャンがＴＳＭＣを創業する際にサポートしたのが、アーサー・チャオの父親で台湾大手電信ケ

## 中国浙江財閥　半導体ビジネス支配

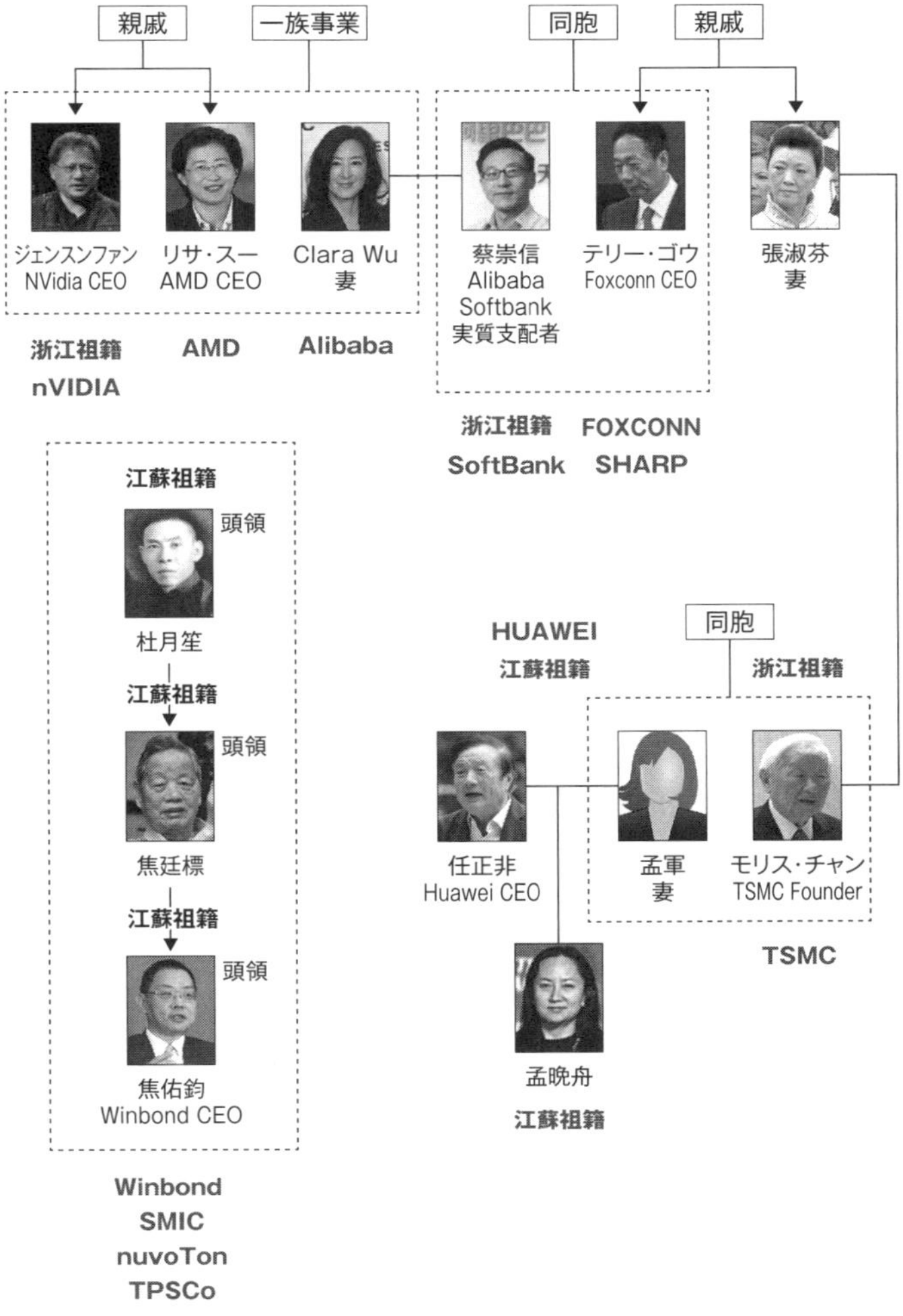

ーブル会社・華新麗華創業者の焦廷標だ。

この関係を図で表すと、驚くほど半導体企業のＣＥＯらが血縁者と浙江財閥の地元関係者だけで占められているのがよくわかる。表向きはほぼ知られていないが、彼らは常習的に半導体の供給を絞ることによって、浙江財閥が経営する企業のライバル企業を潰してきた過去がある。

拙著『ＩＴ戦争の支配者たち』に詳細を書いたが、浙江財閥は半導体市場の過半を占めており、半導体供給をコントロールすることによって、キングメーカーとなってきた。そこで筆者が指摘した通り、２０２１年から彼らは意図的に半導体の供給を絞り、日米欧のライバル自動車メーカーを減産へ追いやって中国企業のＥＶ販売を伸ばした。

そして、自動車輸出台数で世界一の座を日本から奪ったということだ。

## 中華企業の日本買い。次は自動車

中華企業の日本買いが始まり、日経新聞（２０２２年5月31日「止まらぬ台湾企業の『日本買い』次の狙いは自動車　シャープ買収から6年」）でも警鐘が鳴らされた。

そこで日本企業を買収したと紹介されたのは、ここまで述べてきた、台湾の経済界を牛耳り、習近平を支えている習近平派の浙江財閥系企業だ。いま次々と非常に重要な技術を有する日本企業を買収している。狙いは日本潰しだ。

２０１６年の鴻海精密工業によるシャープ買収から、浙江財閥は日本のエレクトロニクス企業を買い漁ってきたが、２０２１年頃からは日本の自動車系企業にもそのターゲットを広げたことが報道された。

先に述べたように、鴻海精密工業のトップ、テリー・ゴウは台湾大手半導体ＴＳＭＣ創業者の親戚である。ＴＳＭＣが半導体不足を仕掛け、日本の自動車メーカーに対して供給を絞り、その分を鴻海はＥＶ事業で伸ばしているので、独占禁止法逃れのマッチポンプ経営なのだ。すでに鴻海は自動車系企業と連携し、技術を取得している。

台湾ＵＭＣはデンソーと組んでＥＶ向けパワー半導体に注力し、ＴＳＭＣもデンソーと車載向けで協業を始めた。ウィンボンドはパナソニックの半導体を買収し、車載チップの技術を手中に収めている。

日本企業が中国企業に対しては警戒心を見せても、台湾企業に対しては油断しすぎていることが指摘されている。専門家によれば、台湾と安易な提携をすると半導体産業のように技術が流出して、自動車産業でも日台逆転現象が起こるだろうと指摘されている。

そもそも台湾企業といえど、大手の経営者は大陸から来た中国人が多いということを専門家は指摘し、顧客情報や技術情報が「必ず」抜き取られると警鐘を鳴らしていることが報じられている。

これまで日本の企業が台湾外省人の会社に買収されたり、提携で技術が抜き取られたりして凋落したケースはいくらでもある。だが、日本政府は全く何の措置も取ろうとしてこないどころか、彼らを手助けしてきた。

筆者自身、鴻海のシャープ買収に反対したが裏金議員たちにスルーされた。鴻海の東芝のパソコン事業買収、ＵＭＣによる富士通三重半導体工場の買収、ＣＭＣによる三菱ケミカルが保有する記録メディア事業も買収されている。

ウィンボンドはパナソニックの半導体、鴻海がジャパンディスプレイの白山工場とＮＥＣの事業を買収した。振り返ると、２０１５年、鴻海によるシャープ買収を皮切りに、日本の半導体企業の多くは台湾の中国系企業が集う浙江財閥に奪われてきたのだ。

通常なら国境を越えたＭ＆Ａには、外為法や公正取引委員会の審査が入るのだが、その多くがロクに審査もされずにほぼ素通りで許可が出ている。それは、これらの企業が日本政府、特に大物議員らと癒着しているからこそ成しえた、とんでもないことなのである。

## 走行距離課税案の出所は中国

話はふたたび中国に戻るが、中国はＥＶで世界を席巻するため、「走行距離課税」という新たな施策を打ち出している。

２０２２年、中国が２０２７年をターゲットに「走行距離課税」を進め始めたタイミングで、日本政府も走行距離課税について検討を始めたことを発表した。そのためにファーウェイがその仕組みを作り始めている。それが日本にも導入されれば、日本人の自動車の走行距離、走行経路をも中国が管理するようになるのは見えている。

２０２２年10月の委員会で、鈴木元財務大臣が「現在の道路財源は燃料税によって成り立っているが、ＥＶが増加すれば燃料を使わなくなり、燃料税が次第に減少していくため ＥＶの走行距離に応じた課税も一つの手段として検討している」と答えたことが報道されている。

中国の構想では、走行距離課税は、中国が自動車の走行距離に応じて課税し、走行経路を収集して有料区間のＥＴＣ課金も行おうという仕組みだ。中国国民の所有する自動車から走行情報を全部抜き取り、それを管理するためには「Ｖ２Ｘ（Vehicle to Everything）」と呼ばれる「車両から全て」をつなぐ通信方式を使い、中国政府が自動車の位置情報をリアルタイムに管理していく。

利用者がどこに行こうが、どういう経路で移動しようが、自動車に搭載されているチップが、中国政府にその位置情報を送信し続けるという、恐ろしい自動車の設計がなされている。実は、すでに多くの自動車の位置情報が中国の上海にあるデータセンターに収集されていることが報じられている。あとは、これを規格化して大々的に導入することが中国の狙いだ。

中国は２０２７年をターゲットに走行距離課税を開始しようと動いているだけでなく、

これを世界標準規格にして、世界中の自動車の走行距離、走行経路情報を中国が管理しようとしているのだが、日本政府がそれに乗る可能性が高い。

理由は走行距離課税の距離の計測方法について発表がなされていないからだ。ドライバーが自分の走行距離を記録して自己申告ベースにすると、１台のクルマを家族で共有している場合、使った人がそれぞれ自分が何キロから何キロまでこの車を使い走ったのかをメモし、違う車を使って走った時も距離をメモして、それを自己申告ベースで課税申告することになる。それでは申告漏れのリスクが高まるばかりだろう。

あるいは、自動車にＧＰＳ搭載を義務付けて、政府がドライバーの走行距離を把握するのか。機材を新たに設置して走行距離に応じて課税するとなると、国民の反発も激しいに違いない。

そうなると、「グローバルスタンダードだから」という理由を付けて、中国製Ｖ２Ｘの規格を、世界中の自動車メーカーに押し付けてくるのではないか。自動車メーカーは中国市場が重要なので、逆らわない可能性が高い。

これは、グローバルスタンダードとして世界に導入された５Ｇ通信の規格設定と同じで、中国が5G通信規格の重要部分を作ったため、その規格で送られる情報が本当に秘匿されているのかは定かではない。

今後、世界的に走行距離課税が当たり前の時代となれば、走行距離と走行経路は合法的に中国に吸い上げられていくリスクが高い。現時点でも、自動車の位置情報に関して、ある程度は上海の某データセンターに送られていると報じられている。いまでさえも中国に収集されている自動車の情報が、今後はリアルタイムに収集されていく未来がやってくるだろう。

ちなみに、ニュージーランドだと走行距離課税は1キロあたり5円。日本での走行距離課税も1キロあたり3・5円から5円程度に収まるのではないかと予想されている。

## 兵器EV化で日米は滅ぶ

一方で、世界では紛争や軍事行動に伴う炭素排出にまで批判の声が上がり始めている。イギリスの気候科学者のパーキンソン氏が、2020年に報告書を書いている。世界全体の排出量約５００億トンのうち、最大６％が軍事関連である。紛争が原因の火災や壊れたインフラの再構築なども含めて推計した。

アメリカ・ブラウン大学の２０１９年の分析では、２００１年から18年の中東を含む海外の米軍の作戦で二酸化炭素４・４億トン分の温暖化ガスを排出。国防総省が２０１０年から18年に直接排出したのは年平均６６００万トンと試算する。そうすると武器や車両などのサプライチェーンを含めると桁違いに増え、２億８０００万トンにも達する。

その結果、「兵器のＥＶ化」が言われ始めている。

アメリカでは、すでに兵器の脱炭素が始まり、自殺行為の雰囲気が色濃く出ている。

「米陸軍、２０５０年までに全軍用車両をＥＶ化――ネットゼロ達成を目指す」という記事では、次のように述べている。

――気候変動はすでにサプライチェーンやインフラに損害を与えるだけでなく、陸軍兵士とその家族にも影響している。クリスティン・ワーマウス陸軍長官は今回の気候戦略に関する報告書のなかで、「気候変動はアメリカの安全を脅かし、我々の知る戦略地政学上の景観を変えている」と分析している。極端な温度環境下の活動、山火事の消火、ハリケーンによる災害の復旧支援など、今日、兵士たちを取り巻く状況を鑑み、「気候変動は遠い未来ではなく現実の話だ。取り組むのはいまだ」と述べている。アクションプランとしては、2035年までに各軍用施設に小規模発電網を導入し、2040年までにカーボンフリーのオンサイト発電設備を整える。すでに一部施設で太陽光発電の設置が進んでいる。2045年まで軍用施設から温室効果ガスの排出を実質ゼロにするとしている——（筆者による参考訳）

陸軍の保有する車両については、2035年までに全ての非戦闘車両を電気自動車に置き換え、さらに戦闘車両については2035年までにハイブリッド化し、充電設備を拡充して2050年までに全て電動化するとしている。はっきり言って、自殺行為としか言いようがない。環境に優しい戦争という発想では、軍事力に下支えされたアメリカの世界覇権をも終わらせかねない。

そもそもEVには充電時間がかかりすぎるという大問題がある。全車両をEV化したらいつ充電するのか。敵地や戦場に急速充電装置はあるのか。もしや、戦場で小型発電機を持って移動するのか、ガソリンで発電してから電気を充電する、という面倒なことをやるのか。

太陽光パネルで発電すると言っても、中国は太陽光パネル製造が世界一。約8割が中国製なので、そうなればアメリカは中国を敵に回すことができなくなる。

何より戦場では頻繁に車が損傷する。基本的にバッテリーは高ダメージを受けてセパレータが割れると、ショートして発火するリスクがある。リチウムイオンバッテリーの電解液も電極もよく燃えるので、あっという間に燃えて爆発するリスクがある。燃えたら爆発するし、水を浴びても発火する。衝撃でセパレータが割れて燃えてしまう。動力源がリチウムイオンバッテリー駆動型の兵器は最も兵器に向いていない代物なのだ。

にもかかわらず、日本も米軍の脱炭素兵器路線に追従する予兆が見えている。防衛装備庁のホームページには、令和2年10月16日に「防衛省及び米国国防省による『モジュール型ハイブリッド電気駆動車両システムに係る共同研究』に関する事業取決めの署名について」という「お知らせ」が出ている。

ハイブリッドは内燃機関と電気モーターを併用するので完全ＥＶよりもマシなのだが、この流れはハイブリッドまでにしなければならない。完全にバッテリー駆動の戦車などは止めるべきだ。まして完全バッテリー駆動の戦闘機など、バカなことは考えないでもらいたい。

アニメ『新世紀エヴァンゲリオン』を見ればわかるが、電池が切れるとロボットは戦えない。原子力で動く『機動戦士ガンダム』のほうが兵器としては強い。

中国が推進するＥＶ化を世界が進めた結果、ＥＶのバッテリー市場の60％以上を中国が占めるようになったので、兵器のＥＶ化は〝兵器の中国化〟を意味する。さらに、日本のエンジン関係の部品を作っている中小企業が、コロナ禍で弱体化したところにガソリン車販売禁止を宣言されて希望を失い中華企業へ身売りを始めたので、すでに日本の内燃機関の技術は途切れるリスクが高い。

産業は大企業だけでもっているのではない。サプライチェーン下にある中小企業が大企業の技術を下支えしているので、中小企業が弱体化すれば内燃機関の技術が衰えていく。自動車のＥＶ化は単なる産業の衰退ではなく、防衛産業の衰退にもつながっている。

内燃機関の技術が衰えていくと、兵器関連の技術もベースは内燃機関が多いので共に衰えていく構造になっている。戦場ではバッテリー駆動の兵器で戦い続けることはできないので、このまま日本の防衛産業まで脱炭素が進めば、日本は敵国に攻め入られた際に、兵器の電池切れでやがて滅びるだろう。

アメリカでは、軍事作戦中や訓練中は排出削減の規定を免除できるという大統領令にバイデン大統領も署名をしているが、日本はそこまでできるのか。

$CO_2$排出削減のために、戦場で充電しなければ使えない兵器が大量に供給されて旗色が悪くなった時、内燃機関の兵器を製造しようとなっても、自動車メーカー傘下にある内燃機関の部品製造の中小企業が弱体化していれば、それすら手遅れになる。

すでに、中国企業や台湾企業に日本の自動車部品の中小企業が買い漁られている。日本政府が早く手を打たなければ、日本は有事の際に「兵器の部品不足」が発生し、中国と結託した台湾が「助けてあげます」と言いながら、日本企業から奪った技術で製品を10倍以上の高値で売りつけてくるだろう。

半導体不足の時と同じ手口で。

## EVの墓場

何がなんでもＥＶを推進したい日本と異なり、一部の国ではＥＶ推進の方針を見直す動きが見られる。例えば、一部の国では内燃機関車の対策に重点を置きながら、ＥＶの補助金や税制優遇措置を縮小する方針を示し始めた。そこには、ＥＶ大国・中国での影響もある。

たびたび報じられているが、中国で「ＥＶの墓場」が広がっている。

２０２３年の秋には6都市に何百台と不要になったＥＶが放置されている場所が報告されている。２０２４年に入っても浙江省のある都市で東京ドーム２つ分の敷地に２０００台のＥＶが捨てられていたという。

これは、中国のＥＶメーカーの倒産が相次いだことや、ＥＶを使ったカーシェアリングサービスが乱立したために過当競争となり、業者が車を捨てて倒産するということが相次いだことが原因となったと報じられている。

さらには、倒産した新興自動車メーカーのＥＶを買ったユーザーは故障しても修理すらできないので、捨てるしかないのだ。

それだけではなく、大型連休や春節のラッシュによって、ＥＶの充電渋滞や、ガソリン車なら1回で済むはずが複数回充電するので帰省に余計に時間がかかる。そのため、２０２４年の中国における自動車販売台数の伸び率は、ＥＶよりＰＨＶ（プラグイン・ハイブリッド車）のほうがはるかに高い。

ＥＶとＰＨＶの売上は２０２２年に96％増、23年に36％増、24年予想は25％増とは言われているが、拡大しているように見えても、確実に販売台数の伸びは鈍化している。

それだけではない。アメリカやドイツでも、テスラのＥＶが放置される「ＥＶの墓場」現象が広がっている。テスラはディーラーに在庫を預けない直販方式で、急な需要減に対応する場がないため、工場で在庫が積みあがると近隣に置いておくことになる。

そのために「ＥＶの墓場」ができあがっているように見えてしまっているわけだが、それがＳＮＳで拡散されてしまっているため、「ＥＶはやはり売れない」というイメージを与えることになった。

**EVとPHVの販売台数**

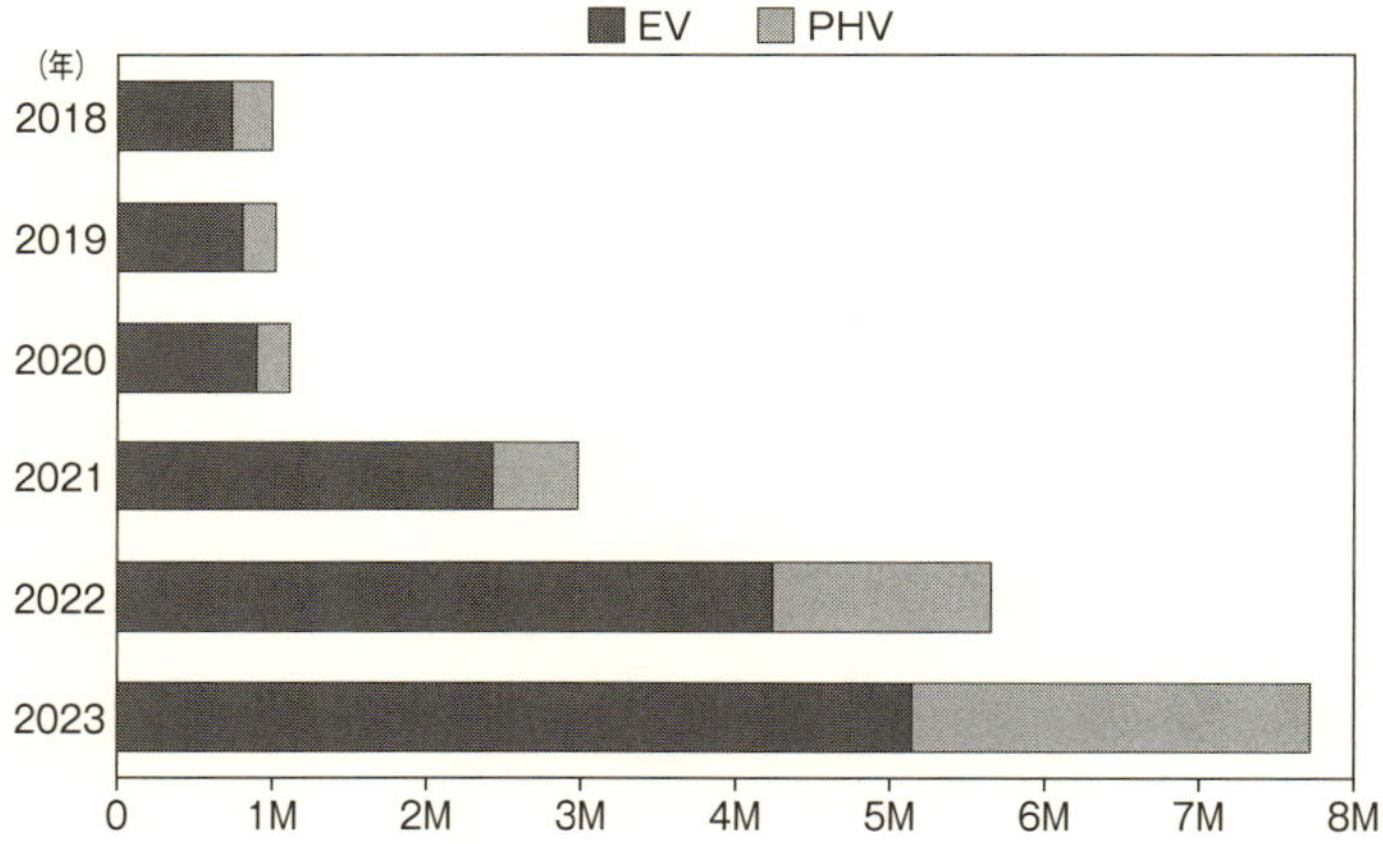


出所：全国乗用車市場情報連合会（乗連会）

現にテスラは２０２４年第１四半期に43・３万台を生産したが、４・６万台もの在庫が発生して売上高も前年同期比で８・７％減となり、４月に全従業員の10％の人員削減を発表した。同年６月には、米新興ＥＶメーカーのフィスカーがＥＶの販売不振で経営破綻に追い込まれた。

電気代の高騰や充電ステーションなどの設備を必要とするＥＶよりもハイブリッド車にユーザーが流れたためだと言われている。大幅値下げを行っても売れ残っているというのは、厳しい現状だろう。

ホンダでは、ＥＶ推進の四輪が赤字となり、二輪の部門が不満を爆発させた。労組の二輪部の職員が「いつまで四輪のＥＶ開発費を二輪に負担させるのか」と労組内から経営陣に反旗をひるがえしかねないところまで来ている。

## 欧州でグリーンディール政策に変化

そもそもＥＶが高くても売れるというのは補助金次第だということが欧州でも見えてきた。ドイツでは２０２３年12月にＥＶに対する補助金が打ち切られ、販売台数で前年同月比マイナスが続いている。

ドイツがＥＶ補助金を打ち切らざるを得なかったのは、ドイツのエネルギーがロシアに依存していたというエネルギー構造上の問題もあった。ロシアのウクライナ侵攻を受けて電気代が高騰したことで、国民の反発が強かったことに起因している。国民の怒りを収めるために、何兆円もの予算を電気代の引き下げに投入したため、予算の問題が出てＥＶ補助金どころでなくなってきたということだ。

何よりＥＶ推進で儲かっているのが中国ばかりだということに気づいた独自動車メーカ

ーのロビーもあって、ＥＵでは２０３５年内燃機関車販売禁止を一部撤回し、環境に優しい合成燃料も許可する方向となった。

　ドイツ統計庁によると、２０２４年1月から4月のドイツにおける新車販売で中国製ＥＶのシェアは40％超まで上昇したが、ＥＶ全体の販売台数は減少している。イギリスとフランスはドイツのようにロシア産天然ガス依存が高くないので、ドイツほどの混乱は起っていないため、ＥＶに対する補助金打ち切りなどは、いまのところ起こっていない。

　ただし、ＥＵの政策を取り決めてきた欧州議会において、脱炭素などの環境政策を中心に推進してきたドイツの緑の党が、２０２４年の欧州議会選挙で右派に大敗したことによって、今後のグリーンディール政策がいままで通りとはならないだろうという観測が持ち上がっている。

　緑の党からすれば、若き環境活動家グレタ・トゥンベリに感化された10代が多いという理由で、ドイツは選挙権年齢を16歳に引き下げて選挙を行ったにもかかわらず、結果はこの体たらくだった。

　これは、電気代が高騰しているなかで、化石燃料の暖房を使わせないという政策を推進しようとしたことに対する市民の怒りが、若者にまで浸透したためだろう。景気の良い時には、偽エコ政策に踊らされた市民らも、エネルギー高やインフレという財布を直撃する事態に見舞われると、いままでのように机上の空論でしかない脱炭素政策には付いていけない――という合理的な判断をしたということだろう。

このような流れは海を越えてアメリカにも及んでいる。アメリカでは中国資本が25％以上入った企業が生産した電池などを組み込んだＥＶを税額控除の対象外とした。それだけでなく、アメリカは２０２４年９月から中国製ＥＶの関税を４倍の１００％にまで引き上げる動きも出てきた。欧州委員会でも中国製ＥＶの補助金の調査に乗り出している。「中国のＥＶ包囲網」は欧米において着実に進んでいるようだ。

## ガソリン車ゼロを撤回せよ

ＥＶは技術的に課題が多すぎ、政治主導で無理やり牽引してきたのが限界に来ている。今後、取りざたされるであろう課題としては、充電渋滞、先に述べたような自然発火による火事、さらには、大量の廃棄バッテリーが別の環境問題を引き起こすことなどが挙げられる。

すでにスウェーデンでは、ＥＶステーションの充電渋滞が報道され、米カリフォルニア州でも高級住宅街の邸宅がＥＶが火事で全焼するなどがニュースになっている。

ＥＶは停車中に自然発火することがあり、ＥＶに水をかけて消火することができないので燃え尽きるのを待つしかない。ドイツのある市では、「高層ビルの地下にＥＶを駐車してはいけない」という条例までできた。基本的に熱は上に行くので、高層ビルの鉄筋構造が熱で損傷を受けると建物全体が危なくなるためだ。

これは、リチウムイオン電池が液体だから起こる問題だということで、メーカーは２０２７年以降をめどに「全固体電池」車の投入を目指している。ただし、全固体電池の安全性には電極と電解質固体の密着性が必要だが、振動や衝撃で隙間が生じるという課題が解消されていない。

繰り返しになるが、このような技術的な課題が解消されないままに、ＥＶを推進するのは時期尚早だ。すでにハイブリッド車へと流れは変わってきているので、いずれは内燃機関車の技術も見直される時が来るだろう。

そうなった時に、すでにガソリン車の技術がほぼ中国企業に売り払われているため、もともと自動車大国だった日本は凋落したという報道が出るだろう。まるで、政策で潰された半導体産業と同じ流れとなるのが見えている。

それを止めるには、ガソリン車の技術、内燃機関車の技術をある程度は残しておく。ガソリン車ゼロの政策目標を早期に撤回するのが良策だ。

東日本大震災の後、関東や東北などの東日本地域では、原子力発電を停止して再生可能エネルギーに切り替えようとしているが、その結果、何が起こっているか。

太陽光パネルを推進して十数年が過ぎて、東日本地域の電力はピーク時にひっ迫するようになり、産業に影響が出始めている。そして、電力会社が火力発電に投資しづらくなってしまったため、国内の火力発電所の発電機が老朽化し、引退が見えるようになっている。そうなると今後、さらに電力が足りなくなる恐れが生じるのだ。

原発も福島第一原発事故以降、新規開発に関する研究費が削減され、原発関連の技術は切り売りされてきている。仮に、日本が電力需要を満たすために、原子力発電所に投資をしようとしても、技術が世代的に分断されていて、急に新しいものは作れない。それを動かせるエンジニアの高齢化も進んでいる。

内燃機関車を禁止したままだと、「やはりガソリン車だ！」となった時には「時すでに遅し」となるのは間違いない。デンソーまでも傘下の内燃機関の部品メーカーを売却し始めたが、こういったことが起こるのも、自国産業の軸である自動車産業がガソリン車で持っているという現実を日本政府が無視して、ガソリン車の新車販売禁止を表明した末に起きたことである。

２０２４年5月、トヨタはハイブリッド車の販売が伸長したことにより、利益が5兆円を超える好決算となった。世界がＥＶよりもトヨタのハイブリッド車を評価したということだ。

ＥＶ一辺倒ではない「マルチパスウェイ」を政府が推進するというのであれば、水素技術やリチウムイオン電池技術がコケた時のリスクヘッジとして、ガソリン車で自動車需要を支えるというカードを堅持しておくべきだろう。

# 第2章

# 自動運転時代の課題

## 自動運転車の時代

２０２４年5月18日、河野太郎元デジタル大臣は北海道の講演で、「公共交通でいかに早く自動運転を実現するかを真剣に考えないといけない時代になってきた」、「リスクがゼロというのは世の中に存在しない。適切なシステムができれば事故の数は減る」と強調した。

政府は２０２５年度から、全国50カ所で自動運転によるタクシーサービスや高速道路での自動運転トラックサービスの開始という目標を掲げている。大臣の「適切なシステムができれば」という前提条件が満たせれば、自動運転での事故の数は減らせるかもしれない。ただ、開発に従事してきた側からすると、その前提条件を満たすのはかなりハードルが高い。

自動運転は絶対に不可能だというわけではないし、バス運転手のなり手が少ない過疎地などでは必要とされるソリューションだ。これまでの研究成果から、シンプルな環境での固定された経路を低速度で移動するというサービスなら問題なくリリースできるだろう。ただし、複数車線で交通量も多い複雑な環境（最もタクシーが不足する都心部など）でのサービスリリースは時期尚早だ。

アメリカではいち早く自動運転車による無人タクシーの試験運用が始まったが、自動運転車が道を正しく認識できずに右往左往し、交差点で立ち往生してしまうＡＩ渋滞などが発生して、業を煮やした住民が無人タクシー駆除にあたったりしている。

ときには、無人タクシーのなかで乗客が居眠りしただけで、無人タクシーのＡＩが乗客に異常があると自動で９１１番へ緊急通報するなど、警察リソースの無駄遣いに対する批判が上がったりするなど、ＡＩ迷惑には事欠かない状態である。

自動運転車による人身事故や渋滞にストレスを感じたサンフランシスコ住民が、無人タクシーを襲撃して動けなくなるまでボコボコに破壊するという事態にまで発展しているほどだ。

米ＧＭ傘下クルーズ社の自動運転タクシーによる自動運転事故が相次ぎ、なかには女性を轢いた後に女性のうえに自動運転車が停止して動かないという事態にまで陥ったものもある。そのため、カリフォルニア州では、2023年10月、クルーズ社に対して営業停止を命じた。

ところが、クルーズ社がカリフォルニア州で営業停止措置となったのとほぼ同じタイミングで、ホンダがクルーズ社と提携し、2026年から東京都心で無人タクシーのサービス展開を目指すと発表した。

人身事故から交差点立ち往生渋滞で、営業停止に追い込まれた技術を東京の都心で展開したいというのだから、呆れて開いた口が塞がらない。それには、「アメリカで営業停止になった代わりに、日本を実験場にしよう」という魂胆が透けて見える。

2024年4月からレベル4の自動運転車の公道走行が解禁となったが、日本ではまだレベル4の自動運転の市販車が存在していないので、お目にかかることはない。それでも2026年には、最新テクノロジーの拠点でもあるサンフランシスコで、散々批判を浴びたクルーズ社のレベル4技術を搭載した自動運転タクシーが、近い未来東京都心で走り出す可能性が高いということだ。

河野元大臣のいう「適切なシステム」とは、何を思い描いているのかが明らかではないが、現場感覚では安全運用にはまだ道のりは遠いようである。

適切なシステムといっても、自動車のセンサー情報だけで自律型自動運転を行うには限界がある。それを補うには、車と車道や信号などのインフラ側にセンサーを設置して通信で連携させるしかないのだが、それらのデバイスを全ての道路にインストールすると、どれくらいの費用がかかるのか試算したことはあるのだろうか。

２０２４年から新東名高速道路の一部に自動運転車のレーンを設置し、２０２６年から専用電波を割り当てるということだが、自動運転車がそれ以外の場所を走る時はどうなるのか。十分な説明がなされていない。

トヨタ自動車の豊田氏も２０２０年12月の会見で、４００万台全てをＥＶにするのに原発を設置する費用や充電ステーションを日本中に作った時のコストを、日本政府はわかっているのかと怒りをにじませたことが思い出される。

「適切なシステム」を日本中の公道にインストールする際の費用をいったいどこから賄うのか、自動運転税でも始める気なのかと聞いてみたいものだ。

技術開発には夢が大事だが、現場の人間は現実を知ったうえで夢を語っている。政治目標を語るために、現実抜きの壮大な夢を掲げて推進すると、技術が追いつかずに取り返しのつかないことが起こることも、想定しておいてもらいたいものだ。

## 自動運転幻想による事故

2023年、「オートパイロット」を自動運転車だと勘違いしたドライバーによる事故多発で、テスラは、アメリカ国内で販売されたテスラ車に対し、200万台を超えるリコールを発表した。

自動運転車による事故はアメリカではよく報告されている。ただし、これはメーカー側のセールストークに責任があるように思う。自動運転はレベル1~5まで5段階あって、レベル2までは運転支援と呼ぶのが常識で、自動運転と呼んで売り出すには、せめてレベル3くらいの技術は欲しいところだ。

自動運転車ではないのに、運転手が自動運転だと誤認してハンドルから手を放して事故に至るケースも報道されている。なかには、死亡事故に至ったものまである。

### オートパイロットのレベル

| レベル | 名称 | 安全運転に係る監視、対応主体 |
|---|---|---|
| レベル0 | 運転自動化なし | 運転者 |
| レベル1 | 運転支援 | 運転者 |
| レベル2 | 部分運転自動化 | 運転者 |
| レベル3 | 条件付運転自動化 | システム<br>（作動継続が困難な場合は運転者） |
| レベル4 | 高度運転自動化 | システム |
| レベル5 | 完全運転自動化 | システム |

※現状のレベル4と称する車の殆どはレベル2に毛が生えた程度

レベル2の運転支援機能しかないのに、「オートパイロット」と呼んで、あたかも自動運転が実現したかのような印象を与えているところから、事故を起こしたドライバーが法廷で争ったが、判決はテスラに有利に下った。

陪審員が「オートパイロットはセルフパイロットではない」としたものだが、飛行機の自動操縦では「オートパイロット」という呼称が定着しているので、運転手が「自動運転のクルマだ」と誤った認識を持っても仕方がないだろう。

注意してほしいのは、外国製でも日本製の運転支援・自動運転車でも共通しているのが、カメラによって障害物を認識できなかった、誤認識したというケースだ。

いくつか例を挙げると、自動運転で走っていた状態のテスラ車が前方で交差点を左折しようとしていた大型トレーラーに衝突した。この時に、トレーラーの後方が明るく光っていたため、白い色のトレーラーをカメラが認識できずに、ブレーキが作動しなかったと説明されている。

また、テスラ車のオートパイロット作動中に、中央分離帯を認識できずに突っ込んでドライバーが死亡する事故もあった。これら2つの事例は、人間が目で見て運転していれば、見間違うことがないだろうというレベルのものにすぎない。

さらに、認識に時間がかかりすぎるという問題もある。ウーバーの自動運転車が、5・6秒前に自転車を押しながら横断歩道を渡る男性の姿をカメラに映していたが、認識するのに時間がかかりすぎて、減速を始めたのは衝突の0・2秒前だった。人間のドライバーなら視野角に歩行者や自転車が入ってくれれば即座に認識できるだろう。

人間の目で見れば簡単に認識できるはずの対象物が認識できなかったということで、ここには大きく2つの課題がある。

一つ目はカメラ側の課題だ。人間の目から入って脳に映る映像には知覚の「恒常性」が働く。知覚の恒常性の代表的なものが「大きさ」「形」「明るさ」「色」だが、対象物を見る際に、距離や角度、光によって大きさや色味が異なって網膜に映っても、脳で補正して「同一性」を保つ機能が人間には備わっている。たとえ白っぽい空の下に白い大型トレーラーが走っていても、人間の目には移動するトレーラーがいろいろな角度で色調の変化を捉えながら移動してくる様子が見えているので認識ができる。

白い空に白いトレーラーが重なっても、それまでの色の変化を捉える知覚の「恒常性」という機能で修正するので、「トレーラーがそこに走っている」と脳は認識するのだ。しかし今のカメラの技術はそこまで追いついていない。カメラの補正機能は生身の人間の脳のレベルには到底たどり着いていない。

だから、人間の運転ではなかなか考えにくい中央分離帯に衝突する事故まで起きてしまう。事故があったアメリカの中央分離帯はコンクリートの壁で、角度によっては壁の上部が反射で白く映る。そうするとＡＩは車線を仕切るレーンに見えて、レーンをまたいで加速しようとして衝突してしまうのだ。

これが人間なら、どんなに運転が下手な人でも、自ら中央分離帯の壁に突っ込もうとはしないだろう。それほどありえない事故を起こしてしまうのである。

なぜこんなことが起こるかというと、これは「単眼カメラ」では物体の立体感を認識できないためだ。

動物の目が左右に2つ存在するのは、右目と左目に映る画像に視差があり、その視差からオブジェクトまでの距離を計算して3次元空間を脳内に作り上げているからである。試しに片目を閉じて運転すればわかるが、片目だとなかなか距離感がつかめず、危険を感じるだろう。

そして人間は赤ちゃんから徐々に成長とともに視力が上がり、経験を積むことで形状や距離、大きさといった「恒常性」が構築されてきて、あまり脳に負荷をかけずに判断できるようになる。日本の場合、自動車免許が18歳から取得可能になっている理由のひとつだろう。

だから人工知能がさまざまな環境で運転しようとするなら、人間の18年分の成長で学ぶことから始めなければ、到底追いつくわけがない。それだけ複雑な操作は実は生身の人間だからできる話であって、今のＡＩにできることは単純化されたものの繰り返しだけ。まだ、その水準にすぎないのだ。

だから、こんなことも起こる。自動運転のテスト中に自転車と接触事故があった。自転車が横を走っていることをカメラは認識していたが、ＡＩがそれを自転車と認識するまでに５秒ほどかかってしまったのだ。

自転車が横を向いて車輪が２つ見えれば、ＡＩは自転車と認識できたはずだが、真正面や真後ろを向いて車輪も見えないと、線のようにしか認識できなかったというのだ。人間ならパッと見てわかることが、人工知能にはできない。何とも残念な話である。

そして、もう一つ、なかなか人間を超えられない大きな課題がある。人工知能の画像認識の精度や速度が上がっても、人間のように「反射」でハンドルを切ったりブレーキを踏んだりできないという点だ。

人工知能の演算速度には限界があり、人間ほどの反応速度は出ない。たとえできても、今の技術では車に乗せられない大きさとなり、電力も足りない。それは、人間を含め動物は危険に対して本能が感覚情報から常に予測をしているので、当然ながらコンピュータのように認識してから演算して結果を出すのではなく、何らかの動きを察知するとパッと反射的に危険を回避する動作をする。

この反射は本能的なもので、前頭前野（コンピュータのＣＰＵやＧＰＵ）を経由しておらず、人間といえど、頭を使わずに身体を動かしているから成せるわざだ。

この人間が反射で行える動作を、ＡＩではＣＰＵやＧＰＵを介さないとできないので、急にカメラの視野角に障害物が現れても、自動運転車は反応速度がどうしても遅れてしまう。これは現実の世界で安全に運転するうえで致命的といえるだろう。

以前、自動車メーカーの依頼で自律型自動運転実験の仕事に携わっていたが、現場の人間の正直な感想からすると、公道を走らせるには時期尚早だと改めて感じた。日本ではあまり報道されていないが、アメリカでは自動運転によるＡＩ事故死が相次いでいる。

## 自律型自動運転の限界

もう一つ、自動運転の技術に関する大きな課題はセンサーだ。

そもそも自動車に搭載されたセンサーには「死角」がある。センサーに死角があるのは仕方がないのだが、それがドライバーの死角と被っているのが問題だ。

筆者は、３６０度センサー搭載のクルマを利用しているが、背が低いので低いポールやフェンスは見えない。バックで車両を止めようとした時に、低い位置にあるポールにセンサーが反応せず、それがバンパーに引っかかり、センサーごと剥がれてしまったことがあった。

その後、何度か試したが、筆者の死角とセンサーの死角がほぼ一致しているので、自分の死角の補完にはなっていないことが理解できた頃には、保険の等級が上がっていた(笑)。

さらに、先に述べた自律型自動運転実験においては、課題との直面の連続だった。

ソフトウェアのアルゴリズム上のパラメータがちょっと変わるだけで、どのように自動車を操作するのかというＡＩの判断が変わる。この際、ＡＩにも課題が多いのだが、そもそもソフトウェアに入力するデータを生み出すセンサー側の課題が山積みだ。

車載センサーといえばいろいろあって、カメラとミリ波レーダー、超音波センサー、Ｌｉｄａｒなどが代表的だ。

ミリ波レーダー、超音波センサー、Ｌｉｄａｒなどのセンサーはアクティブ・レーダーと呼ばれていて、自ら電磁波、音波、非可視光線を発射して対象物に反射させ戻ってくるまでの時間をカウントしているので、ＴｏＦ（タイムオブフライト方式）と呼ばれている（電磁波は進行速度がおおよそ一定なので、発射し、反射して戻ってくるまでの時間を計測すれば、距離が算出できる）。

さまざまな種類のセンサーには、それぞれ長所と短所がある。基本的にセンサーは悪天候に弱いのだが、水は電磁波吸収体なので、雨や雪などは車載のセンサーから飛んでくる電波を吸収し反射しなくなる。そのためＴｏＦを測ることが困難となる。

それゆえ霧や雪、大雨の時は、センサーがうまく作動しないことが多い。逆に同じ波長の電磁波や超音波が対向車側から発射されると、誤認識の原因となる。

Ｌｉｄａｒも課題がある。Ｌｉｄａｒも非可視光線の反射する時間を計測しているのだが、対向車から発射される光の種類によっては、Ｌｉｄａｒの反射波をとらえる際のノイズとなって距離を測るのが困難だし、雪の日は光が乱反射するので、使えなくなることもある。

アクティブ・レーダーの課題は、これから似たような波長の電磁波、音波、光を発射するレーダーを搭載した車両が増えると、お互いの発射する波がぶつかって干渉することだ。その問題を起こさないのが、パッシブ（電波などを発しない受け身）型のセンサーである。

干渉問題は多くの自動車メーカーも認識しており、そういった課題のないパッシブセンサーの代表であるカメラで、多くの範囲をカバレッジする方向に進んでいる。カメラはＣＭＯＳセンサーが主流で、ソニーが強い。

自動運転の時代が進むと、センサーの需要がかなり伸びる。センサーなどの一般半導体で世界トップクラスの日本に有利であるばかりでなく、ＣＭＯＳ自体は今後も売れるだろう。問題は、ソニーがＣＭＯＳ製造の一部をＴＳＭＣに委託しているという点だ。

ＴＳＭＣは製造工場として、多くの企業の半導体製造を受託してきたが、先に述べたように、その技術を他社、主に中国に移転させてきたフシがある。今後、どこからともなく競合が現れて、ＣＭＯＳ市場がソニーから奪われるか、ソニーそのものが乗っとられることになるだろう。

さて、人工知能が判断する元となるセンサー情報の課題について紹介したが、そもそもセンサーの判定は難しい。自動運転の世界で求められているＡＩ向けのソリューションは、センサーフュージョンという技術であり、ここでソリューションを提案できればビリオネアになれることは間違いない。

センサーフュージョンとは、超音波、ミリ波、Ｌｉｄａｒ、カメラなどのセンサーのデータをいかに融合させるかという技術だ。各種のデータのセンサーフュージョンが困難なのは、センサーごとにデータが出てくるタイミングが違うためだ。

センサーの種類も違うし、性格も違うということを熟知した人間しか、センサーフュージョンを開発することはできない。逆にセンサーフュージョンの開発に成功すれば、それだけで億万長者になれる分野なので挑戦する価値はある。

自動運転の未来を夢見て、その仕事に携わらせていただいた身からすると、無人の自動運転車を市場投入するにはまだ技術的に習熟していないように思える。そして、自動運転の未来を望むなら、車道側や信号などのインフラ側にもセンサーを埋め込み、ネットワークでつないだ中央集権型の自動運転を、国家プロジェクトとして考えなければ難しいだろう。中国はそれを着々と進めている。

## AI見間違いが笑いグサ

先に少し触れたが、アメリカの一部ではすでにロボタクシー、無人の自動運転タクシーの実験が始まっていて、すでにトラブルも多発している。

クルーズ社がいち早くサンフランシスコで、ドライバーがいない完全自動運転のタクシーを商用化した。登録しないと乗れない特殊なタクシーだが、この自動運転タクシーが、サンフランシスコでもかなり渋滞の原因になっている。

試験運転開始から半年ほどで90件ぐらいの問題がサンフランシスコ市に報告されている。さすがに交通局のトップもこの現状に苦言を呈するようになった。

エレトレック社の報道では、ある日、オースティンで渋滞が起こったのだが、その原因を探ると自動運転車同士が鉢合わせして立ち往生していたからだった。その模様を、通りがかりの人が動画に撮って投稿していたところからそれが発覚した。

クルーズ社が調査をしたところによれば、ロボタクシーのうちの1台が交差点を曲がろうとした際に正面からもう1台別のロボタクシーも来てしまったのだ。これが、人間が運転している車ならば交差点で鉢合わせになっても、どちらかが道を譲ってくれるから曲がれたのだが、同じアルゴリズムを搭載したロボタクシーだったので、お互いに動けなくなるという事態になったのだ。

帰宅時に起こる道路混雑のピークは、タクシー需要のピークでもある。ロボタクシーの会社は在庫のロボタクシーを全てその地域に送り込んでしまっていた。その結果、町ではロボタクシー同士が鉢合わせになり渋滞を起こしまくるということになった。クルーズ社が交通渋滞の原因の調査をすると、自分たちの自動運転車が原因だったことが発覚し、そのエリアから自動運転車を撤収する羽目になった。

この記事では最後に、「この一時的に混乱に巻き込まれた不幸なドライバーにとっては、せいぜい小さな不便でしたが、それでも苦痛だったでしょう。幸いなことに周りにオレンジ色のコーンはありませんでした」という皮肉で締められていたことに着目しなければならない。

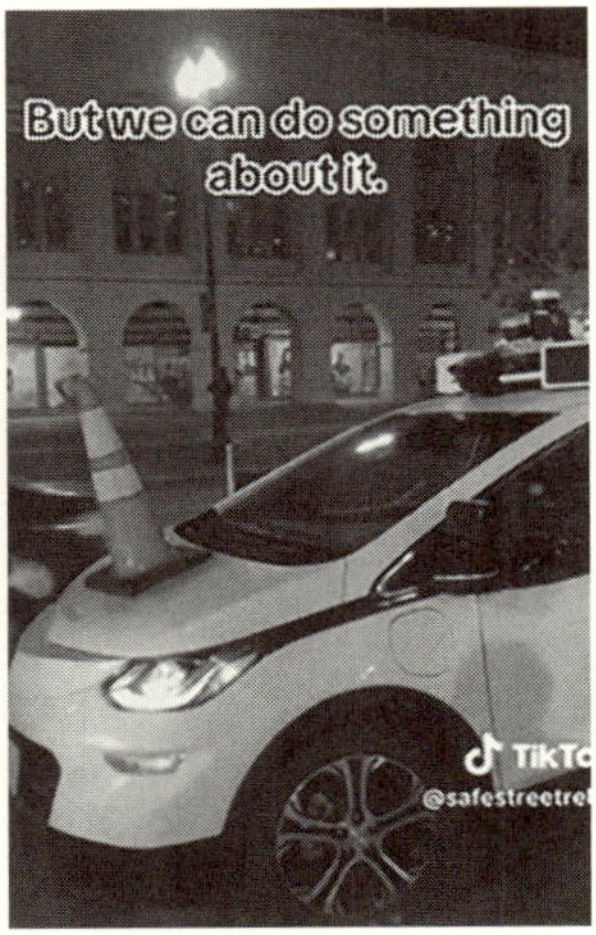


https://x.com/SafeStreetRebel/status/1676695665278337024?s=20

アメリカは工事などの際に、進入禁止のサインにオレンジ色のコーン使う。自動運転車はそれを見ると、工事中だから進入してはいけないと人工知能に教え込まれているので、車は動けなくなる。

それを逆手に取った人々がサンフランシスコにいるのだ。自動運転車渋滞を嫌がる市民が見回り団を作って、自動運転車を見かけたら、そのボンネットの上にオレンジ色のコーンを置いて回る。そうすると自動運転車のカメラがそれを認識して動けなくなってしまう。こういうことをして、サンフランシスコの街を守っている有志たちがいる。

人間なら車のボンネットにコーンが置いて

あれば、「いたずらするな！」と怒ってどければ済む話だ。ところが、残念なことに自動運転車の「単眼カメラ」では、対象物が何なのか認識できても距離情報がないので、コーンが自分のボンネットにあるということが理解できない。

だからこそ、「センサーフュージョン」の技術で距離情報と画像情報を貼り合わせるか、複眼カメラを用いて視差から距離を割りだす技術が必要となるのだ。

日本はまだ自動運転タクシーが始まっていないので、あまり知られていないが、ＡＩ見間違い問題は日本にもある。某自動車メーカーの標識認識機能が「進入禁止」の標識とラーメン店の「天下一品」の看板を見分けられないということが、自動運転を研究する大学教授の間で話題となっていた。このままでは、いつしか、日本も自動運転タクシーによる渋滞が発生する日がやってくるだろう。

現状では人間に勝るものはなく、いままで通り、人間が運転するタクシーのほうがよほど安全に思えるのは筆者だけではない。自動運転開発に従事する某メーカーエンジニアに聞いても、「ＣＭで流す自動運転は単なるイメージで、まだまだ技術的には未熟だ。人手不足でロボタクシーをやるなら、白タクを増やした方がまだマシなレベルです」とボヤいていた。

## AIは誰を轢き殺すべきか

ほとんどの日本人は運転する時に、一瞬で「天下一品」の看板と「進入禁止」の標識を見分けられる。よもや見間違う人はいないだろう。そして、人類が自動運転にこれだけのエネルギーを注いでハードウェアからソフトウェアまで開発しているというのに、人間は無意識に車を運転できる。人間の脳は、どれだけ優れたコンピューティングパワーを持っているのだと、何度感銘したことだろう。

それに比べて、自動運転がもたらす未来は何とも末恐ろしい。これから、自動運転タクシーの時代がやってくることになるのだろうが、アメリカではすでに保険会社が動き始めている。どうしても絶対事故を回避できないと判断した時に、「誰を轢き殺すのが最もコストが安いのか」を人工知能が導き出す未来がやってくるのだ。

これは、この業界で「トロッコ問題」と呼ばれている。車が直進するとおじいさんを2

「どくろマーク」は死んでしまうという意味

自動運転車が直進すると壁にぶつかって死んでしまう　壁を避けてハンドルを切ると人を轢き殺してしまう

ある人との事故を回避すると、別の人を轢いてしまい、事故は避けられない。こういったケースの時に、AIに何が正しい判断なのかを教えるべきかという命題があり、誰の命を優先すべきか否かなどの倫理的な問題を抱えていて、解決策はまだない。

人轢いてしまうが、回避しようと思って左のレーンに行くと、おばあさんを轢いてしまう。さて、どちらを轢くのが損害は小さいのか。その類いの問題である。

事故を回避できない時に、誰を轢くのかという計算をしたうえで轢き殺すのが未来の人工知能だ。保険会社の都合で、若い人を轢くと高くつくので、高齢者を轢くべきだと判断し、年収が高い人は賠償も高くつくので年収の低い人にしようと判断するのが合理的とされる。

自動車に搭載されたカメラから対象者の顔を瞬時に認識して、例えば、顔認識で「右の人は億万長者なので年収が高い、左の人は年収300万円だから、左の人を轢き殺そう」という判断が下される。しかも、これは人間が判断するのではなく、人工知能の判断なので差別に該当しない。アメリカでは保険会社の利益のために、そういう研究が真面目に行われている。

そういった未来が来たら、私たち一般庶民の命は危うい。人工知能に轢き殺されないためには、ジョージ・ソロスや前澤友作さんなどお金持ちのお面をかぶり、「天下一品」の看板を首から下げて歩くことを提案する（笑）。

## 日本政府はAI轢き逃げ無罪の方向へ

日本政府は無人タクシーによる交通事故調査の専門機関の設置に動いているが、これがトンデモの可能性がある。自動車メーカーやサービス事業者に対する自己責任を限定し、「国の基準を満たしていれば事故を起こしてもメーカーに対しての行政処分はなし」という方向で運用を想定しているという。

刑法上の業務上過失致死傷罪に法人や団体を罰する規定がなく、個人を対象に捜査を行うため、システムを開発した個人が責任を負う可能性があるからだというが、そういった責任の所在を曖昧にする運用は、ＡＩ事故を制限できなくなるリスクがある。

前述の通り、米クルーズ社はカリフォルニア州で重篤な人身事故を起こし、営業停止を命じられたというのに、日本では「原因がわからなければ業者はお咎めなし」というのなら、人命を軽んじるにもほどがあるだろう。

デジタル行財政改革会議においては、人間が運転する交通死亡事故件数は２２８８件で、自動運転の普及により大幅に削減できる可能性があると主張しているが、根拠はない。日本では公道を走る自動運転の統計データはかなり少ないので、事故件数もなくて当然だ。

シミュレーター上でいかにＡＩが上手に運転できても、所詮は環境が固定され突発的な危機的状況が起こらない仮想空間での話であって、現実でうまく運転できるわけではない。

自動運転車が人を轢き殺してもメーカー責任は問えないルールを作ったうえで、２０２５年から自動運転タクシーサービスを展開するのは、倫理上の問題だけでなく、国家としての安全保障問題がある。国民の命だけではなく、政府要人の命までも危険に晒すことが政府にはわからないのだろうか。

自動車に対するハッキングはすでに日常的に起こっている。殺傷能力の高い自動運転車がハッキングされないという保証はないのだ。

日本でサービスにあたる無人自動運転タクシーにハッキングして首相や大臣を轢き殺しても「メーカー責任は問えない」ならば、テロリストや外国の諜報機関がそれを利用して日本の自動運転車で政府要人を暗殺に来るシナリオも用意するだろう。一般国民が自動運転車に轢き殺されても政府は知らんぷりだろうが、外国政府要人を轢き殺した際には「想定外」という言い訳は通用しない。

我が国の大臣には、大企業の利益を守るために、自分の命が危険に晒されるリスクについて認識するくらいの分別は持ってもらいたいものだ。

## 中国は中央集権型ロボタクシーへ

完全自動運転技術の開発がどれだけ大変で、技術的に時期尚早だという話をすると「中国では既に無人タクシーが既に走っているのに勉強が足りないんじゃないのか」とお叱りを頂くことがある。

中国で既に無人タクシーが走っており、しかも有人タクシーよりも4割ほど値段が安いので比較的人気だということは承知している。ただし、中国で走っている無人タクシーと、日米のそれは似て非なるもので、「自動運転」のカテゴリが異なるという重要な前提を理解していただきたい。日米は自律型、中国は中央集権型だ。

アメリカで事故を起こしている無人タクシーは、道路側やそのほかの車両からの情報を受け取らずに車に搭載されたセンサーから得たデータを人工知能で処理しておこなわれる「自律型自動運転」だ。中国で提供されている無人タクシーは、道路や信号などに組み込まれた通信機器や衛星通信などのインフラ側からの情報を受け取って走る「中央集権型自動運転」である。拙著でも何度か完全自動運転の未来を実現するには、自律型自動運転は難しく、中央集権型となるだろうと指摘してきた。

中国で無人タクシーができるのなら、アメリカや日本でも無人タクシーが明日からできるだろうというのは、「モノレールのゆりかもめは無人なのだから、電車にＡＩを乗せればＪＲ全線を明日から無人にできる」と言い出すのに等しい。

ゆりかもめは、路線がかなりシンプルなうえにインフラ側に地上子と呼ばれる発信機を取り付けて速度を調整しているおり、ちょっとしたことで運休となる。ゆりかもめはそこまで速度を出さないうえに、事故や悪天候の時はすぐに止まるという理由でお台場に住みたくないという人もいるほどだ。ＪＲのあれだけ複雑な路線を無人で走行するには、全路線のレールにセンサーや通信機器を設置して電車の車両も全て作り直さなければならない。ゆりかもめは高速で走らないものの悪天候の際には自動で運転するのは危険になるため、運転手が登場して自動でできない部分をカバーすることになる。基本的に大雨などの悪天候ではほとんどのセンサーは使いものにならない。それに、中国の無人タクシーもゆりかもめのように、中央のセンターで車両側のカメラから遠隔で監視しており、ＡＩで判断できないような追い越しや複雑な操作は中央のセンター側から遠隔運転を行なっている。そのため、事故を起こしても、中央からの命令で現地にすぐに人が駆け付けられるようになっている（一部では事故の隠蔽工作の為ともいわれている）。

中国で中央集権型の自動運転を可能にしたのが「車路共同」と呼ばれる開発プロジェクトで、通信や交通という省庁の管轄を越えるために政府主導でインフラと車を通信で繋ぐことが実現した。アメリカでは各省庁における規制が厳しい。そのため、アメリカではクルマ単体での「自律運転型自動運転」ソリューションの開発に走ったが、中国は強権国家としての強みを生かしてクルマと道路を連携させる中央集権型に向かった結果、この分野でのイノベーションが進んだのだ。

国家が主導してメーカーに対して、信号機や渋滞情報、駐車スペースの情報、精度の高い北斗衛星からの情報をクルマと連携できるように規格を整備し、インフラ側から作り込んだ。そのため、無人運転タクシーが利用できるのは、武漢や北京に代表されるようなインフラ整備が終わったスマートシティなどのエリアに限られており、中国全土で長距離移動に使えるわけではない。ただ、これから高速道路を無人運転化するための建設計画も進み、道路からＥＶ車に向けて無線送電による充電も行われる予定で、中国が景気刺激策としてそこまで予算をかけて開発を進めるようであれば無人タクシーの長距離化も実現する可能性はある。

この無人タクシーの評判はなかなか高く事故の報道もほとんどないのだが、その一方で現地の中国人からは恐ろしいうわさ話も聞く。この無人タクシーの実験が成功しているように見せるために、事故に関する情報やネガティブな情報をネット上で検閲しているという。そのため、どれだけ事故が発生しているのか、実際のところはよく分からないと中国人も漏らしていた。道路、衛星、信号、車両が通信で繋がっているので、アメリカで走る無人タクシーのようなレベルではないにしろ、事故が全く報道されないというのもおかしいだろう。日本のメーカーエンジニアによると「かなり死んでるらしいですが、報道されないので注意してください」とのことだった。

中国に限らず、世界ではメーカー側の過失による事故はあまり報道されない傾向にある。これは、広告を牛耳る自動車メーカーにはよくある話で、アメリカでも試験運転が始まったころの自動運転の事故はそれなりに起こっているとジャーナリストの間でもちきりだったが、報道されることはあまりなかった。ただし、自動車メーカーの広告収入を必要とするメディアで書いている記者を黙らせることはできても、ロボタクシーに殺されるかもしれない一般市民が黙っていないのがアメリカだ。試験運転で人気のないところを走っている間は問題視されなかったものの、混雑する都市部での無人タクシーの暴走に怒った市民が集まり、あまりにも騒ぎが大きくなって最後には報道されるようになった。

日米でも中国のように道路と車両を通信で繋ぐ技術の研究は進められている。ただし、技術的には可能でも、道路や信号などのネットワーク化はインフラ投資に兆単位の莫大な予算を必要とするので、実現には強力なリーダーシップ、政治家からの愛が必要となるだろう。

## 最先端半導体は自動運転を救うか

ＡＩに関わる話題をもう一つ。半導体の進化とともに、旧来の演算速度では成しえなかった生成ＡＩが誕生し、チャットＧＰＴがブームとなっている。

１９９０年代に人工知能の開発が滞ったのは、（ＡＩや機械学習などのアルゴリズムで使われる）シグモイド関数の演算に時間がかかりすぎて研究が進まなかったためだったが、半導体の微細化によって演算速度が向上し、それが人工知能の進化をもたらした。

チャットGPTの応答がかなり優れているため、人工知能は人間の知能を超えるのではないかという期待が高まっているが、一つ注意しなければならない。人工知能がいかに人間に似たような反応を示しても、そのプロセスは完全に別物だ。

人間が対象物を認識するには、それまでの経験で得た視覚、触覚、聴覚、嗅覚、味覚などのセンサー情報に加えて、言語情報を抽象化した情報を複数の「恒常性」として保持しているので、そこに新しい情報が入ってきても、「これは○○だ」と判断できる。

そもそも、そうした人間の知能について人類はまだ定義しつくしてはいない。完全には定義できていないものを人工知能でどうやって作り出すのかという問題がある。その順序を間違えてはいけない。

まず人間の知能について完全に定義したうえで人工知能を作ればいいが、それができないので疑似的に作っているにすぎない。そう考えていくと、人工甘味料が砂糖ではないように、人工知能はどこまで行っても生身の人間の知能とは別物なのだ。

かつて、アサヒビールをナンバーワンに押し上げた樋口廣太郎氏の有名な著書に『前例がない。だからやる！』があるが、さながら人工知能は「前例がない。だからやらない！」

のではないだろうか。

問題はそれだけではない。

日本政府は最近、最先端半導体を用いて自動運転用の車載チップの製造強化に力を入れようと旗振りを始めている。そこに立ちはだかっているのが「電力消費量」だ。

一般的には、最先端チップの電力消費量は小さいので、人工知能は電力消費量が大きいといえど、自動運転車に最先端チップを用いればいいではないかという考えになるだろう。ところが、2ナノメートルなどの最先端チップは、20ナノメートル台のチップ製造の10倍ほどの電力を消費すると言われているので、製造時の電力が賄えるかどうかも見極めなければならない。

日本政府が支援するラピダスの最先端チップ工場は、北海道千歳市で建設が進んでいるが、専門家によると、最先端半導体工場が必要とする電力消費量は、北海道電力の供給能力の10％以上を必要とする見込みだ。

もし北海道電力が無理をして工場に電力を供給すれば、他の事業者や市民への電力供給がひっ迫するリスクがある。そして、それを回避するために発電所を増築するにしても、投資が必要だが、半導体工場はシリコンサイクルで赤字に陥ると倒産するリスクも高いので、投資回収見込みが安定しないために、おいそれと投資することも難しい。

それどころか、日本政府は脱炭素を推進しているので、火力発電の増築は難しいうえに、泊原子力発電所の再稼働も反対運動などで、めどが立っていない。流行の太陽光パネルを使っても、そもそも太陽光パネルは陽当たりのよい九州あたりでも、日中の4～5時間程度しか効率的に稼働しない。これに対し、北海道の日照時間はさらに短いうえに、積雪で冬は使えない。

政府が使用時に低消費電力の最先端チップを推進するのは喜ばしいことだが、生産時に従来の10倍以上の電力を消費する工場の電力をどのように賄うのか、現実的なソリューションを提示するべきだろう。

# 第3章

# 太陽光VS原発推進のウラ

## 日本を脅かす電力不足の背景

あまり一般には認識されていないが、日本は電力が不足しつつある。毎年夏になるとエアコンの使用が高まって電力がひっ迫するとか、冬でもピーク需要時に電力が足りないといったニュースをたびたび目にすることもあるだろう。

原因ははっきりしている。２０１１年3月の東日本大震災による福島第一原発の事故を機に、原発を止めたからだ。原発が稼働している西日本と違って、東日本は原発再稼働が遅れているので、電力が足りていない。

それなら、「西日本で余剰となっている電力を東日本に融通すればいいのでは？」と考えるかもしれないが、そう簡単な話ではない。

ご存じのように、日本では静岡県の富士川を境に、東日本は50ヘルツ、西日本は60ヘルツと周波数が異なる。これは明治時代に、関東ではドイツから50ヘルツの発電機、関西ではアメリカから60ヘルツの発電機を輸入して始まったからといわれているが、周波数を変えることで、テロなどの被害が拡がりにくくする目的もあるといわれている。

もちろん、東西で周波数が異なっても融通できるように周波数変換設備はあるが、そのキャパシティが不足しているため東西で電気を融通しようにも余裕がなく、部材や建設現場の人員もコロナの混乱から不足したため拡張工事もなかなか進んでいないのが現状である。

そこで、電力供給がひっ迫していた2022年には、製造業の工場を中心に、持ち回りで生産停止に踏み切ることまで行われ、GDPにマイナスの影響を及ぼすまでに至った。

それから2年ほど過ぎた2024年6月、当時の岸田首相は記者会見で原子力政策に関して、「安全が確認された原発を速やかに再稼働させる」と述べた。発言の背景として、2022年に取りざたされた日本の電力不足がいまだに解消されていないことは明らかだ。

何しろ台湾のTSMC（台湾積体電路製造）が熊本県に進出するなど、昨今日本では半導体関連工場の誘致合戦が広まっている。原発が稼働している熊本はまだしも、半導体製造工場を誘致に動く東日本エリアでは大幅な電力消費量の上昇が見込まれ、原発再稼働なしに工場の生産性向上が見込めないことが大きな課題となっている。

岸田前首相は産業構造や産業立地の問題に合わせて、エネルギー供給に関する国家戦略の策定を行うことを示したが、その実現に向けて電力不足を賄う原発再稼働は欠かせないものだったのである。

そして、その背景にあるのが、日本のエネルギー政策を巡る利権の対立だ。前述のとおり電力不足の原因は、福島第一原発事故を機に高まった原発反対運動の流れを受けて、原発の稼働が次々と停止を余儀なくされたことにある。

それに加えて、原発反対運動の力の源泉となった太陽光パネルを推進する利権グループの動きと、さらには「外国から電力を輸入すればいいではないか」という「アジアスーパーグリッド構想」を進める著名な経営者の動きもあった。

ソフトバンクグループ会長兼社長の孫正義氏である。後述するが、さらにそのウラには、かつて中華民国の指導者だった蒋介石を資金的に支えた浙江省と江蘇省出身者による「浙江財閥」の存在もあるのだ。

孫正義氏は東日本大震災で原発事故が起こった後、再生可能エネルギーからの電力を諸外国から輸入できる、「アジアスーパーグリッド構想」を推進するため、２０１１年８月に「公益社団法人 自然エネルギー財団」を創設した。

彼の考えは、原発に依存せずに中国からモンゴルに広がるゴビ砂漠などで、太陽光や風力などの再生可能エネルギーを用いた発電で、世界中に電力供給ができるというような構想である。そのために10ギガワット以上の容量を持つ送電網を各地域、国家、大陸にわたって相互に接続することを提唱している。

これは孫正義氏のオリジナルの構想ではなく、実は中国で送電網を敷設する中国政府をバックとした企業である中国国家電網が提唱する「グローバル・スーパーグリッド構想」のアジア版である。要は、この構想は中国政府が推進し、世界各国のエネルギーを支配するための構想であるとも言える。

中国の戦略としては世界各国で原発反対運動を展開させ、その代替エネルギーとして自然エネルギーの推進をすることによって世界各国で電力供給のひっ迫を起こすことにあった。

現時点では原子力発電や火力発電に頼れば、地熱や水力などの自然エネルギーに恵まれ

グローバル・スーパーグリッド

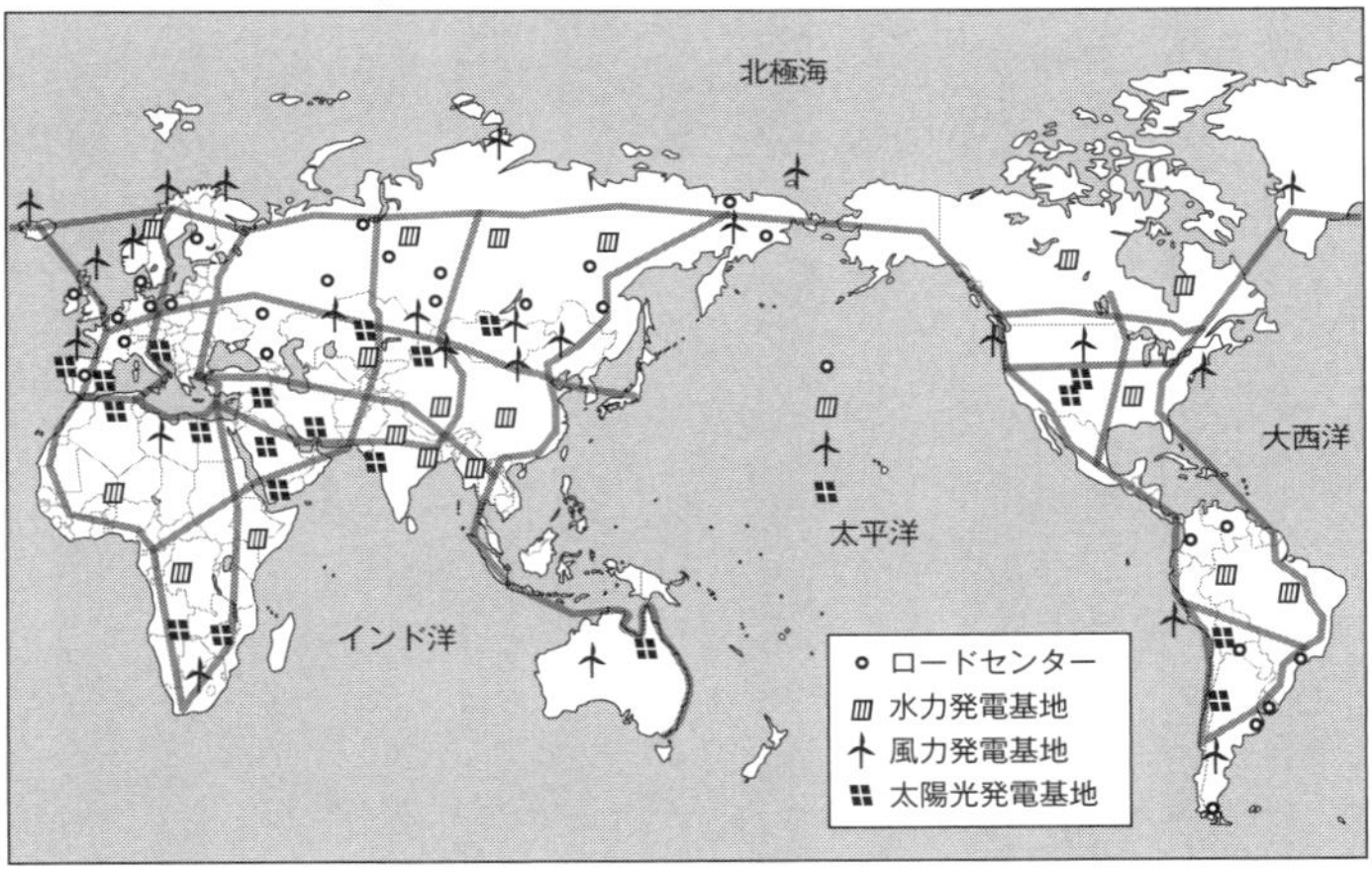


出所：https://en.geidco.org/aboutgei/strategy/

ない国でも十分に電力を賄える。ところが、自然エネルギーでも、地熱や水力と違い、風力や太陽光などは、限定されたタイミングでしか発電できないものである。そのようなエネルギーに依存すれば電力がひっ迫するのは目に見えている。

そういった不安定な電力を中国が各国で推進させたいのは、各国での電力不足を引き起こし、国家間での電力供給を補い合える「グローバル・スーパーグリッド構想」を進めやすくするためであった。

これに乗ったのがアメリカ政府だ。バイデン政権が進める「グリーン・ニューディール政策」は、もともとは２０２０年の大統領選で民主党の対立候補だったバーニー・サンダースの政策であったが、サンダースが撤退してバイデンに票を譲る形になった際にグリーン・ニューディール政策を進めてほしいということを交換条件にした。

そのグリーン・ニューディール政策のなかの目玉が、「グローバル・エネルギー・インターコネクション」と呼ばれるアメリカ版のグローバル・スーパーグリッド構想だった。

いま世界各国では中国がダボス会議に推進させている脱炭素政策により、電力供給が不十分になってきている。その一方で無駄に電力を消費するＡＩ（人工知能）やＥＶなどがエコであるというふうに推進されているので、電力需要はうなぎ上りとなり、電力供給のひっ迫が各国で起こっている。

そして日本も例外ではなく、中国をバックにする太陽光パネル利権団体の動きに押されて、電力がひっ迫するような事態が起こり始めているのだ。

さらに電力会社には、供給電力量と需要電力量を、同じ時間に同じ量とする「同時同量の原則」と呼ばれるルールがある。これが崩れると送電時の周波数（品質）が劣化してしまい、最悪の場合、停電を引き起こす。

電力供給の安定しない自然エネルギーが増えれば増えるほど、電力を送電する大手企業はオペレーションが煩雑になる。

ただでさえ日本では福島第一原発事故の記憶が鮮明に残り、原発にアレルギー反応を示す国民も少なくないところに、中国をバックとする利権団体がつけ込むような形で〝極めて厄介な案件〟を持ち込もうとしている。

電力供給の現場の混乱は目に見えているのに、それでも推し進めようとするウラには何があるのか。さらに探っていく。

## 太陽光パネルこそ環境汚染

東日本大震災以降、日本では原子力発電の稼働を控えて自然エネルギーの推進が始まった。正しく使えば、有用な自然エネルギーによる発電だが、いまはおかしな方向に進んでいる。特に、手軽に始められて補助金もたっぷり出る太陽光パネル設置事業が人気だが、これが問題となってきている。

結論から言ってしまえば、太陽光パネルは環境を破壊し、人権を侵害し、電気代を引き上げ、現存電力会社の事業を圧迫して、国家のエネルギー計画を破綻させる。

太陽光パネルの5％は「化学系」で、「鉛、セレン、カドミウム」の有毒な重金属が使用されている。多くを占める「シリコン系」はそういった化学物質は使われていないが、どのみち廃棄する際には「産廃物」として取り扱われてリサイクルが難しいゴミとなる。

太陽光パネルは、火力発電や原子力発電と比較すると、同じ量の発電をするのに100倍以上の土地を必要とする。それだけの土地を確保するために畑や山林を潰し、整地するために大量の除草剤もばらまく。土壌汚染は必至だ。

またそれによって地盤が弱体化し、地崩れを起こし、地下水を蓄える涵養機能を著しく低下させてもいる。つまり、現実世界では、「エコ」の名の下で、畑を潰し、山林を伐採する自然破壊が横行しているのだ。

人権侵害と言われるのは、中国による新疆ウイグル自治区におけるウイグル族の強制労働問題である。シリコン系太陽光パネル素材の実に45％が新疆ウイグル自治区で製造されている。

それに対し、アメリカはいち早く中国製太陽光パネル素材のシリコンを「強制労働を行っていない」と証明しない限りは輸入を制限すると表明した。

また、太陽光パネルは面積を食う割に発電効率は20％程度と低く、日本国内での設置を電気代の「賦課金」として国民全員が払わされている。東京都では新規の建物に太陽光パネル設置が義務付けられたが、東京都で太陽光パネルが増えるたびに、その恩恵を受けない人も含む全国民がその費用を割って支払わされるのが、ＦＩＴ制度（固定価格買取制度）という不公平なシステムなのだ。

例えば、外国人業者が日本人から土地を借りて太陽光パネルを設置すると、全日本国民がその費用を払う。地震などで発電できなくなり、外国人業者がパネルを放置して国外逃亡した場合には、撤去費用は地主が払う羽目になる。

約20万坪の土地を外国人業者に貸し出して５０００キロワット分の太陽光パネルを放置され、撤去しようとしたら産廃業者から３５００万円ほど請求されたと、地主から相談を受けたことがあるが、そもそも設置した外国人が外国に逃げるとなすすべがない。

太陽光パネルは、晴れていてもフルで発電できるのは午前11時から15時くらいまでにすぎない。その効率の悪さからだろう。太陽光パネルが推奨されているアメリカのカリフォルニア州では、「州全体で必要な電力を賄うためには、カリフォルニア全土をパネルで埋めても賄えない」という冗談が言われるほどだ。

カリフォルニア州は屋根上の太陽光パネル発電を推進する政策に力を入れてきたが、その結果、埋め立て地が大変なことになっている。

太陽光パネルは一般的に寿命が20~30年といわれ、その寿命を迎えつつあるなか、廃棄問題に直面している。太陽光パネルはゴミとして燃やすこともできないので、地下に埋め立てられるのだが、その太陽光パネルも種類によっては、鉛、セレン、カドミウムの有毒重金属が流出して、地下水を汚染するリスクがあると報道されたほどだ。

東京都に先行するカリフォルニア州で、廃棄物問題が浮上しているのは決して見逃せない事実だろう。

ちなみに、環境省による日本の太陽電池モジュールの排出見込み量から見ると、寿命が25年だとして、2038年から40年頃が廃棄物のピークとなるようだ。その時にどうするのか、いまさらのように議論を始めたところなのだ。

この有毒物質が大量に含まれているのは、実は太陽光パネルだけではなく、半導体関連のデバイスの廃棄物にも当てはまる。基本的には燃やすこともできなければ、リサイクルも難しいゴミなのだ。

半導体工場の跡地は汚染がひどいという実態がある。半導体の製造過程で大量の有毒・有害物質が用いられているが、住民の反対運動を恐れてメーカーが利用している化学物質を公開しないというケースもある。

例えば、熊本に誘致されたＴＳＭＣの半導体工場は、大量の産業廃棄物を出すのだが、台湾で深刻な健康問題を引き起こしているにもかかわらず、利用する化学物質を一切公表していない。

半導体がクリーンというのはウソで、大量の電気と水を浪費し、産廃物から出る毒物で土、水、空気を汚染し、近隣住民に健康被害をまき散らしている。

半導体製品である太陽光パネルは、災害時には極めて厄介な代物となる。

地震で屋根に設置した太陽光パネルが落ちてくれば壊れてしまうが、それでも発電機能が失われてなければ発電し続けてしまう。下手に触れると感電リスクの高い瓦礫となってしまうため、扱いに手間を要する。

実際、2024年1月に発生した能登半島地震でも、復興が遅れている理由のひとつに、この太陽光パネルの撤去の問題があった。

また、地震よりも頻繁に起こる火事の際には、下手に水をかけたら漏電するため、おいそれと水もかけられない。2017年2月16日には、事務用品などの通販大手・アスクルの物流倉庫が火災になり、鎮火までに12日もかかった。倉庫の屋上に大規模な太陽光パネルを設置しており、感電の恐れがあったために水もかけられず、非常に手間取ったと報じられている。

これは第1章で触れたEVと同じで、太陽光パネルもひとたび火災に見舞われると水もかけられず、燃え尽きるのを待つしかない。「何もしない」のが最善策という不安だらけの代物なのだ。

そのような問題だらけの太陽光パネルなのに、東京都は設置を義務付けたのである。

## 太陽光パネル利権VS原発利権

原発再稼働がにわかに高まってきたウラには利権があるように、太陽光パネルにも利権がついて回る。

最近、叩かれている太陽光パネル利権は、自民党神奈川県連を中心に幅をきかせている。自民党神奈川県連といえば、小泉純一郎元首相の次男である進次郎氏や河野太郎氏という次期首相候補として人気が高い2人、そして菅義偉元首相らが有名だが、太陽光パネルが導入されればされるほど、彼らの権力は強くなる仕組みになっている。

なかでも太陽光パネルを積極的に進めてきたのが菅元首相といわれているが、河野氏と太陽光パネル利権の関係も深い。それは河野氏の選挙区である神奈川県平塚市に本社を置く日本端子という会社を見ていくとその様相が窺える。

車載用の端子やコネクタなどの製造を手がける同社は、河野氏の祖父である河野一郎氏が1960年に創業したとされ、太郎氏も一時、取締役を務めていた。現在は河野洋平元自民党総裁が大株主であり、河野氏の実弟である二郎氏が代表取締役を務め、河野氏自身も株を保有している。

河野氏自身は「私の政治活動に影響はない」と発言した。たしかに、２０１５年に同社の事業の太陽光発電システム向け端子製造販売は終了したと説明されている。ただし、中国の関連会社の広州日覃貿易有限公司のサイトには太陽電池関連機器および部品の販売とあるので批判の対象となるのは仕方ないだろう。

一方の原発推進派は、故・安倍晋三元首相をはじめとする旧安倍派（清和会）が中心で、その対立構造が日本のエネルギー政策を混乱させている最大の要因となっている。

そうした「太陽光パネル利権VS原発利権」の構図が突如、表面化した〝事件〟があった。

それが、太陽光パネル利権を取りまとめているという菅元首相が懇意にするある人物のオフィスに、東京地検のメスが入った一件だ。この人物はあるシンクタンクを率いて、もともと民主党政権時代にフィクサーを始めたのが、政権交代後は自民党にすり寄って、菅元首相や二階元幹事長などとも交流していた。あえて実名は挙げないが、仮に〝銀座のフィクサー〟と呼ぼう。そんな人物に東京地検のメスが入ったのだが、これにはさらに不可解な事件が続いた。

インターネットを介して不特定多数から資金を集めて不動産開発事業に投資する、ソーシャルレンディングサービス大手のmaneoマーケットの瀧本憲治元社長が、2021年6月8日未明に、日比谷公園の公衆トイレ内で手首を切って自殺したと報じられた。

瀧本氏は調達したお金を太陽光ビジネスに回し、太陽光パネル利権に絡んでいたといわれるが、〝銀座のフィクサー〟に東京地検のメスが入ったことと無関係ではない。

そして、東京地検に捜査をけしかけたのは誰か。永田町の噂によると、それを仕掛けたのは安倍元首相の秘書官X氏と原発利権を追う政治家だとされている。

X氏は経済産業省の官僚から2006年の第一次安倍政権で内閣総理大臣秘書官に就任。安倍氏退任後は経産省に戻り、資源エネルギー庁次長を経て、第二次安倍政権で内閣総理大臣秘書官、政策担当兼内閣総理大臣補佐官などを歴任した。その後、菅政権から岸田政権でも内閣官房参与（エネルギー政策等担当）として辣腕を振るい、現在は民間に下り、三菱重工業顧問などを務める。

経歴からも明らかなように、エネルギー政策に非常に強く、原発推進派であることは疑いようがない。2006年に東芝がアメリカの原発大手・ウェスチングハウスを買収した際には、「X氏の意見が強く反映された」と指摘する人もいるほどだ。

安倍元首相との関係は深く、もともとはX氏の叔父と安倍氏の祖父の岸信介氏が商工官僚同士で、かなり仲が良かった。ちなみに、新日本製鉄社長から経団連会長となった人物もX氏の一族である。

そんなX氏はしばしば「親中派」と見られるような言動を繰り返してきた。

2017年5月に北京で開催された国際会議に出席した当時の二階俊博幹事長に、安倍元首相が託した習近平氏あての親書は、当初は外務省出身の谷内正太郎氏が原案を取りまとめたもので、中国の一帯一路構想に慎重に対応していくという内容だった。

しかし、X氏が「あまりにも後ろ向きな内容しか書かれていない。こんな恥ずかしい親書を二階幹事長に持たせるわけにはいかない」と、大幅に書き換えたとされている。

2020年7月には、アメリカの戦略国際問題研究所（CSIS）が「二階とXは親中である。中国が主導する一帯一路を推進している」と、かなり大々的に批判をした報告書が米国務省に提出された。

実はこの時、筆者は「ここでX氏を叩くと、安倍政権のブレインの中心はX氏なので、政権がもたなくなるだろう」と動画で予測を配信した。そしてその後、当時の首相だった安倍氏と当時官房長官だった菅氏の間の確執が表ざたになってくる。

遡れば、その前年の2019年末から、菅氏と安倍氏の間で政策の違いから齟齬が生じ、距離が広がっていたと報道が出ていた。あの当時は何が原因で不仲になったか、真相は不明だった。

その後、2020年5月に菅氏が訪米してCSISのある人物に会った。そして同年7月にCSISから「安倍政権を親中にしているのはXだ」と批判が出て、産経新聞や保守派の各雑誌も報じて、全面的に叩かれることになった。

その結果、安倍元首相が退任し、菅政権が誕生すると、X氏は一転、菅氏のもとにすりより、自分を使ってほしいと売り込んで、菅政権で内閣官房参与の地位に就いたのである。

一見、太陽光パネル利権の中心人物である菅氏に、原発推進派のX氏がすり寄るのは理解しがたい。ただ、その後、なぜか菅氏が懇意にしている太陽光パネル絡みのシンクタンクに東京地検の捜査が入った。

そして、小泉純一郎・進次郎親子に献金をしていたテクノシステムという太陽光パネルの施設を設置する会社も、フォーカスされて報じられていた。さらに、時を同じくして突然1カ月ほど雲隠れしていた政治家がいる。小池百合子東京都知事である。

東京オリンピック・パラリンピックがまさにこれから始まるという時に、都知事不在の事態になっていたのは、「体調不良」という表向きの理由はさておき、あの時小池都知事にも捜査の手が及ぶと噂されていたのだ。

何ともキナ臭い話が飛び交うなか、2021年9月に菅氏が電撃的に首相退任を発表したのも、奇妙な符合といえるだろう。

さまざまな点と線を結んでいくと、〝太陽光パネル利権憎し〟で中心となって動いていたのはX氏という話が、永田町界隈で出ていたのも合点がいく。

菅氏の退任後、岸田政権が誕生したが、そのウラでX氏が暗躍したという話もある。永田町界隈で語られた話だが、ポスト菅を巡る自民党総裁選に出馬した岸田氏のもとにX氏が訪れ、「原発を推進してくれたら安倍さんは岸田さん支援に回るはず」といったようなことをにおわせたと聞く。

岸田氏はそれを呑み、首相の座を射止めたことも十分考えられる。その後、広島選出の岸田氏が2024年の会見で「原発再稼働の推進」を打ち出したことを併せて考えると、これも合点がいく話だ。オマケに原発反対派だったはずの小泉進次郎氏もそっとその旗を下ろしていた。

## 派閥争いで日本は電力不足

いま一番の問題は、「太陽光パネル利権VS原発利権」の確執がいまだに残っていることだ。そもそも電力ひっ迫の原因には、供給が不安定な太陽光パネルの拡大にもあるが、実は火力発電所の老朽化が進んでいることも大きい。

世界的な脱炭素の押し付けから火力発電を止めろという圧力が非常に高いので、火力発電が老朽化しても投資リスクを取って増やすことができない。老朽化して、このままリタイアしていくのを、電力会社は見ているしかないという状態だ。

それどころか、太陽光パネルが増えれば増えるほど、停電危機となるリスクが高まることについて指摘する専門家もいる。なぜなら、太陽光発電の発電量の予測を見誤ることがあるからだ。電力は需給を一致させなければ停電する恐れがあり、それは政府も重々承知だ。電気事業法に基づいて設立された電力広域的運営推進機関によると、「電力を安定して供給するためには、電気を消費する量（需要）と電気を生み出す量（発電量）のバランスを常に一致させる必要があります。一般送配電事業者が実際の需要の変動に合わせて、24時間365日、発電量を調整し需給バランスを維持しています。需給のバランスが崩れると、周波数が乱れ、発電所の発電機や工場の機器などに悪影響を及ぼすことになります。

万が一、震災等が発生して、発電設備や電力流通設備が大きく損壊すると、発電量の調整によるバランス維持ができなくなることが考えられます。その状況を放置すると、連鎖的に発電機が停止し、広域的な大規模停電（ブラックアウト）に波及するおそれがあります。」とホームページに掲載している。

電力の需給が不一致となると、発電設備が損傷して停電するリスクがあるため、それを回避するために持ち回り停電を行うわけだ。そして、現在の日本でも、電力ひっ迫時には持ち回り停電は行われているのだが、それは日中の数時間しか発電できない太陽光パネル推進により需給バランスを取るのが難しくなったことにも一因がある。以前であれば、石油による火力発電が需給バランスを整えるバックアップ電力として重宝されてきたのだが、太陽光パネル推進派の脱炭素利権のおかげで火力発電が先細っているのだ。

だからといって、原発推進派も火力発電には目もくれない。脱炭素でしばられ、利権を生まないからだ。

ちなみに、菅氏が首相を退任した直後までは、まだ『ＷＩＬＬ』などの保守系雑誌に対する影響力があったが、その力も徐々に失われた。ただし、いまだに問題となっている旧カルト宗教の影響は強く彼らが原発の利権を絡んでいる。

パワーバランスはその時々で変わっているが、太陽光パネル推進派と原発推進派が、いまも対立が続いている。２０２４年９月の自民党総裁選候補者を見ると、高市早苗氏と小林鷹之氏が原発推進派、河野太郎氏と小泉進次郎氏が太陽光パネル推進派となるだけで、電力不足で日本が崩壊するという電力不足リスクについて議論されることはなかった。

いまから新規に原発を建設しようにも稼働までに20年かかる。太陽光パネルを推進する候補はいても、稼働までに4、5年で立ち上がる火力発電を推進する候補者はひとりもいなかったのだ。目の前に電力不足という大きな問題があるのに、お互いの利権だけを取ろうとせめぎ合うばかりで、肝心のエネルギー政策が見えてこない。

日本のエネルギー政策が実は政治家の派閥争いに翻弄されるばかりで、もう、にっちもさっちもいかない状態になっている。それこそが由々しき問題だ。

ここまで、太陽光パネル利権と原発利権の熾烈な対立の話をしてきたが、エネルギー問題で、そもそもの根本的な問題は、利権のために作られた不備のある制度の軌道修正が難しいという点だ。

福島の原発事故の後に、太陽光パネル利権を拡大するのに、突貫工事でＦＩＴと呼ばれる電力の固定価格買取制度を作り、売電利権を拡大して新電力を招き入れ、中国のファーウェイ製品を買わないといけないＪＥＴ認証なる仕組みまで作った。その結果、中国に連なるソフトバンクグループとファーウェイが勢力をどんどん拡大していった。

それによって経産省は天下り先の独立行政法人を新たにひとつ設けた。ただし、ＦＩＴは突貫工事で作られたので、よく考えて設計されていなかった。

ＦＩＴで大手電力会社が国民に強制的に太陽光発電の電力を買い取らせ、さらには電力市場導入で新電力会社を設置したために大手電力会社の利益が圧迫された。ロシアのウクライナ侵攻で急騰した燃料価格のために、新電力会社が普段の倍以上となった電力を市場から購入できず、億単位のペナルティで連続倒産した。

後述するが、ＦＩＴが穴だらけで、その不備から新電力会社が連続倒産し、救済措置もほぼなく、潰れるがままに放置されて地獄を味わっている。一番の被害者は間違いなく国民なのである。電力が足りなくなることはもう何年も前からわかっていたのに、何の措置も取られてこなかったのだ。

筆者は経産省の官僚に会い、「わざとやっているだろう」と何度か問い詰めたが、「単に考えが至らなかっただけでどうしようもなくて困っている」という回答だった。国民の未来のために、ポートフォリオで長期的に運用でき、電力価格が跳ね上がらないようにするための仕組みを冷静にきちんと作れる経産官僚はいるのだが、政治家に逆らうと失脚させられるので言いなりになるうちにこんな体たらくとなった。

国民の生活の基盤であるエネルギー政策が、政治家の派閥争いにまで利用されている。国民を翻弄するような行為をしている。「太陽光パネル利権VS原発利権」の闘いの一番の被害者は、間違いなく私たち国民である。それによって今日も高い電気代を払わされている。

原発さえ稼働していれば、電気代が安くなることはわかっている。それは理解できるが、そのためにここまでゴタゴタしないといけないのか。ここまでの政治家の動向が非常に残念である。

電力不足解消に向けて、原発は必要だし、太陽光パネルもある程度は必要だろう。ただし、産業立国を目指すとすれば、原子力や火力のほうが安定電力として優れている。しかしエネルギーはポートフォリオで設計すべきだ。

結局、火力や原発の発電所を自分の自宅の近隣には置けない。地震が起こったりして送電網が損傷するとどうなるか。停電になってしまう。そうすると地産地消型のエネルギー源として、何か別のものが必要だというアイディアのために、太陽光パネルが２０１１年の原発事故以降、強力に推進されている。

冷静に見れば、それぞれのエネルギー源にはメリット・デメリットがあるので、その違いを明確にして、組み合わせていかないといけない。何が一番良いとか、何が一番ダメというのではなく、それぞれのメリット・デメリットを踏まえたうえで、最適な組み合わせとなるようなポートフォリオを作っていく。このような全体像を見たエネルギー政策が、本来ならばこの国に必要なのだ。

しかし、実際には自民党の内部で、「こちらの派閥は太陽光を推進したほうが得をする」、「違う派閥は原発を推進したほうが得をする」という考えで進めている。自分たちの利権を増やすことだけに力が注がれ、国家権力を使ってまで政敵を潰しにかかる。この国は中国に攻められる前に派閥争いで自壊しかねない。

## 新電力会社連続倒産事例の原因は利権

このように国のエネルギー政策が定まらないなか、相次いで倒産する新電力会社が話題になった。少し前のニュースだが、帝国データバンクの記事を引用したい。

「新電力の倒産、過去最多の14件が発生　過去1年で累計31社が事業撤退　調達価格の高騰が打撃、供給1メガワット当たりの販売利益は9割超減」

新電力会社の倒産が急増している。

みなし小売電気事業者（旧・一般電気事業者）を除く「新電力会社」（登録小売電気事業者）の倒産は、２０２１年度（21年4月〜22年3月）に14件発生した。年度を通じて倒産が2ケタに達したのは初めてで、前年度の2件から急増、過去最多を大幅に更新した。また、電力小売事業からの撤退や新規申し込み停止も相次いでおり、２０２１年4月に営業が確認できた新電力約７００社のうち、約４％に当たる31社が過去1年間で倒産や廃業、事業撤退などを行ったことが分かった。――

こうした新電力会社の連続倒産事例は、これで終わりではなさそうである。

筆者は、このニュースを受けて、ある新電力会社に取材したが、そこで驚きの事実が判明した。これはもう、本当に聞くも涙、語るも涙の物語なのだ。取材によれば、根本的な制度不備が解消されていないため新電力会社の倒産予備軍はまだまだ控えているということで、これからもっと倒産がやってくるかもしれない。それぐらい新電力会社は戦々恐々としている——そんな事態になっているそうだ。

基本的に新電力会社は、東京電力や関西電力、九州電力、四国電力といった火力発電などの発電所を持って電力を供給している大手電力会社と比べたら、圧倒的に財務体力が弱い。

電力は巨大な発電所を建てないと供給できない。電線などの送電網も使うので、インフラ設備などにも投資ができるような資本を持っていないとできない。参入障壁が非常に高いビジネスモデルなので、基本的には国営とするか、その流れをくむ旧国営系でないと無理なインフラビジネスなのだ。

それが電力自由化によって、インフラビジネスの自由化が始まり、電力は市場で取引できるようにして、大手が供給する電力の余った余剰電力を、新しい電力の供給源として利用できるＪＥＰＸという仕組みが経産省主導で作られた。新規事業者である新電力会社はそこから買ってきた電力をエンドユーザーに供給するという形にすれば、中小企業も参入できて競争が活性化されるという建前だった。

ところが、ロシアのウクライナ侵攻による化石燃料の高騰で新電力会社が消費者に供給する電力価格と、ＪＥＰＸと呼ばれる余剰電力の市場から調達できる電力の価格、この仕入れ値と売値が逆ザヤ、すなわち売れば売るほど赤字が溜まっていくという状態になり、じわじわと新電力会社の倒産が始まった。

そして、２０２１年4月24日には、次のようなニュースが報じられた。

「電力自由化が破綻…大手電力会社が通常料金の10倍を請求、新電力会社の破綻ラッシュ」

タイトルからしても、恐ろしいことが起こっていることがわかる。大手電力会社が普段の10倍の電気代を新電力会社に請求したことが破綻ラッシュの原因だと報じているのだ。

猛烈寒波で卸電力の価格が10倍に急騰し逆ザヤに

電力自由化で誕生した電力小売事業者（新電力）が曲がり角に立っている。事業者数は７００社に増え、顧客獲得競争が激化。昨年末からの寒波襲来に伴う電力需要の急増で苦境に陥った。液化天然ガス（ＬＮＧ）火力発電所の燃料が不足したことが引き金となり、今冬の電力需給が逼迫。日本卸電力取引所（ＪＥＰＸ）の価格で通常余剰電力は１キロワット時当たり10円～20円で取引されていたのが、１月中旬には一時２５１円と10倍超にまで跳ね上がった。

自前の発電設備を持たない新電力の多くはＪＥＰＸを通して大手電力会社から出た余剰電力を調達している。新電力は仕入れコストが膨らんでも、それを電気料金に転嫁できない。電気料金を大幅に値上げしたら解約が相次ぐことになるからだ。その結果、仕入れコストが電気料金を上回る逆ザヤが発生した。

加えてインバランス料金の高騰が新電力の経営を圧迫した。インバランスとは新電力が電力を調達できない場合、電力会社が穴埋めする仕組みのことで、電力供給はストップせず、停電などにならずに済む、いわゆるセーフティガードだ。

ここでいわれている「セーフティガード」とは、実はエンドユーザーのセーフティガードであって、中小の新電力会社にとっては、死刑宣告に等しい仕組みになっている。

解説が遅れたが、ＪＥＰＸとは一般社団法人日本卸電力取引所の略称で、日本で唯一の卸電力取引市場を開設運営する取引所のこと。ここが市場を運営していて、大手電力会社が供給してくれる余剰電力を新電力会社に売る、という取引の仲介を担っている。

それまでならば、10円から20円ぐらいで新電力会社は余剰電力を買ってエンドユーザーに25円ぐらいで売れた。そうすると15円や10円ほど利ザヤを得られるから、ユーザーが増えれば増えるほど、右から左に儲かるというビジネスだったはずである。そのような説明を新電力会社も経産省から受けていたそうだ。

ところがふたを開けてみると、ＪＥＰＸの電力価格が安定している時期は良いが、たまに１００円以上など、とんでもなく跳ね上がることがある。そうすると、消費者への価格に転嫁できないまま、時には１００円で仕入れて25円で売ることになり、大幅な赤字を生み出してしまう。結果、財務体力が弱い中小事業者が倒産してしまうのだ。

新電力会社のひとつであるリミックスでんきのサイトによると、2019年には10～20円の間で安定的に推移していたが、2020年には価格が高騰。高い時には100円どころか、250円を超えてしまっていたことがわかる。それが今回の連続倒産のきっかけになっている。

このインバランス制度そのものが新規の電力会社に不利にできているうえ、JEPXで決まる市場価格は、大手が供給する余剰電力量に依存している。だから大手の余剰電力が足りなければ価格は高くならざるを得ないというのが、この仕組みの問題の中心にある。大手電力からすると新電力会社は大手のインフラにタダ乗りする寄生虫のように感じていた。電力が本当に足りてないのか、実は、JPEX市場の価格を大手が相場操縦していたのではないかと疑う新電力会社もいる。

価格高騰を新電力会社は受け入れるしかない。高値で買うことを見送ってしまうと、今度は電力を供給しなかったことによるインバランスと呼ばれるペナルティを払うことになる。このインバランスの請求もかなり高額だったので、それが原因で連続倒産にもつながったのだ。

新電力会社が供給できなかった分は、大手電力会社がインバランスとして代わりに供給する。ところが、大手電力会社は自ら発電して自ら供給するので、そもそも安い価格で電力を供給できる。つまりこの仕組みでは、体力の弱い新電力会社が追い込まれることは、当初からわかっていたはずなのに欠陥が修正されないまま制度が始まったのだ。

それが今回の新電力会社連続倒産の背景なのである。

しかも経産省から新電力会社側に指導が入った時、新電力会社側が「売れば売るほど赤字になるので調達できない」と泣きついても、「なぜ自社で発電しないのか。自分たちで発電しないのが悪い」といったスタンスだったという。事業を始める前はもみ手で「電力を右から左に流すだけで儲かる」とすり寄ってきた経産省の手のひら返しにあって、そこでやっと新電力側は「嵌められた」と気づく。聞くも涙、語るも涙の物語だ。

新電力会社連続倒産の裏側についていろいろ調べていると、大変キナ臭いものが見えてきた。そして、再生可能エネルギーとして期待される太陽光発電利権の裏側にも、いろいろなものが見えてくる。

## 太陽光発電利権の裏側

太陽光発電の普及が始まったのは、ＦＩＴと呼ばれる電力の固定価格買取制度が始まってから。節税対策になることもあって強力に推進されていった。

何事も超スローな我が国の省庁がそそくさと動く時には、必ず国民にとって何か悪いことが起こるのだが、これも例外ではない。このＦＩＴと呼ばれる固定価格買取制度では、太陽光に限らず、風力や地熱、水力といったさまざまな再生可能エネルギーで発電された電力を固定価格で買い取る。

当初は1キロワット時あたり42円で買い取ってもらえるため、初期に参入した事業者はかなり儲かった。ただ、普及に伴って買取価格は下がっていくため、最終的にはＦＩＴの買取期間を卒業してしまうと、買い取ってもらえなくなってしまう。そうすると、この〝卒ＦＩＴ〟してしまった電気を、誰がどのように使うのかと、次の課題も出てきてしまう。

ＦＩＴによる固定買取価格が下がれば電気代も下がる、というわけでは決してない。国民が払っている電気代のなかに、再生可能エネルギー発電促進賦課金という項目があるが、ＦＩＴの価格が段々下がってきているのに、それと反比例して賦課金はどんどん上がっているという謎の現象が起こっている。

この再生可能エネルギー賦課金は、電力広域的運営推進機関という天下り先が一度集めて、買取費用に応じて各電力会社等に交付金を支給する仕組みになっているが、制度開始から徐々に値上げされている。

２０１２年の開始当初は、１キロワット時につき「０・22円」と良心的だったが、２０１９年には「２・95円」、２０２１年５月には「３・36円」、２０２２年５月には「３・45円」と、この10年間で15倍以上も価格が跳ね上がっている。

「最近、電気代が高いのは、燃料高のせいもあるかな」というくらいに思っていたら、そのウラには再生可能エネルギー賦課金の急騰があるのだ。

ちなみに、新電力会社側への取材によれば、新電力会社側はこの賦課金を受け取っていない。

「この賦課金は新電力の利権になっていると言われるが、自分たちはほとんどもらえていない。これは単なる天下り機関のための費用で、みなさん騙されないでください」という。倒産を目前にした新電力社長の涙ながらの訴え、現場の悲鳴として覚えておいていただきたい。

そして、太陽光をはじめ再生可能エネルギー利権を深掘りしていくと、見えてくるのは「自然エネルギー財団」を率いる、あの人の姿だ。ソフトバンクの孫正義氏である。

東日本大震災で原発事故がおこった。そこでソフトバンクの孫氏は財団を作り、国境を越えて近隣諸国から電気をもらえばいいという考えを立ち上げた。

そして中国国家電網の前会長・劉振亜の提唱する「グローバル・スパーグリッド」に着想を得た「アジアスーパーグリッド構想」によって、ロシアや韓国と中国だけでなく、インドやシンガポール、バンコク、台湾などとつなぐ構想を進めている。

詳しくは第4章で触れるが、このアジアスーパーグリッド構想において日本はまだ国境を越えて送電網をつなぐことは実現できていない。にもかかわらず、世界の一部ではスーパーグリッド構想が推進されつつあり、世界中の送電網を相互接続しようという「グローバル・エネルギー・インターコネクション」という構想が推進されている。

世界の送電網利権を推進しているのが、中国とアメリカのバイデン政権なのだが、アジア版の利権はなぜか孫正義氏が一手に牛耳っているような状態が見て取れる。ＪＥＰＸの電力価格高騰で中小の新電力会社が連続倒産しているのを横目に、孫氏は太陽光パネルのサイトを作り、盤石の態勢を築こうともしている。

そこで用いられる太陽光パネルは、人権侵害が甚だしいウイグルの人たちを安い労働力として働かせることで作られている。

中国がつけ込む問題は、それだけではない。

太陽光発電では、送電する時の電流は直流だが、家庭で使う時は交流に変換しなくてはならない。そこで必要となるのが、パワーコンディショナー（パワコン）と呼ばれる変換機器だ。

そしてこのパワコンは、アメリカＣＩＡ元長官がスパイ企業と名指しで批判したファーウェイ製品が異常に安くて、品質もそこそこ良いため、世界中に普及している。しかも、パワコンには「スマートロガー」と呼ばれる、電力をどれだけ発電したのか、電力をどれだけ使ったのかを記録する装置がついていて、これもまたファーウェイ製品が相当なシェアを握っている。

このスマートロガーが中国スパイ企業の手に落ちてしまうと、消費者がどれだけ電気を使って、どれだけ太陽光パネルで発電しているのかといった情報が、遠隔でわかるだけでなく、消費者の自宅の電力を、遠隔で止めることもできるらしい。個人情報が中国に筒抜けになるばかりでなく、電気の使用状況そのものが、中国に握られてしまいかねないのだ。

にもかかわらず、経産省はこのファーウェイ製のスマートロガーを、日本の太陽光パネル事業者が導入せざるを得ない仕組みまで、ばっちり作っている。

スマートロガーを事業者が販売しようとすると、日本ではＪＥＴ認証を取らないと販売ができない。この認証は一般財団法人電気安全環境研究所というところで取得できるようになっているが、ＪＥＴ認証は実はパワコン事業者がスマートロガーとセットで申請しないといけない仕組みになっている。たとえ独自のスマートロガーを作ってもそれ単体では申請ができず、パワコン事業者だけが申請できるそうだ。

そうなると、パワコンでダントツのシェアを持つファーウェイ製のスマートロガーを、自動的に導入しなければならないということになってしまう。しかも昨今の半導体不足で、他社にはスマートロガーがなかなか作れない状態にあり、先行しているファーウェイ製品のシェアがますます拡大しているようだ。

つまり、FITを利用すると、私たちの知らないところで、いつの間にかスマートロガーと呼ばれる記録装置から、中国にデータが送られて収集されてしまう仕組みになっているのである。

恐ろしい話だが、CIA元長官がスパイ企業だと名指しで批判したあの中国企業が日本の市場に食い込んで、日本の電力データを集めて回り、その先にはグローバル・スパーグリッドを通じて中国の電力を日本に売り込み新たなエネルギー支配構造を築こうとしている。

そして経産省には、日本国民を本気で守る気はあるのかと言っておきたい。

## 電力会社丸儲け‼　新原発推進政策「設備投資は国民負担」

　岸田前首相が表明したように、現在は電力がひっ迫して、原発の再稼働が必要だという論調が高まっている。現在、運転を中止している原発を再稼働させるだけではなく、新しく原発を作ろうという方向にも動きだした。

　そうしたなか、民間企業が作る原発の設備投資費用は、国民が負担せよというニュースが出た。２０２２年9月16日の朝日新聞デジタルの記事を引用する。

「原発新設に消費者が費用負担の案　経産省、発電所建設の促進策」

　経済産業省は15日、発電所の新規の建設を促すため、支援策を導入する方針を審議会に示した。対象には政府が新増設を検討している原発も含まれており、これを後押ししたい思惑もある。原発の建設には巨額の投資が必要で、大手電力会社側からは国に資金的な支援を求める声が出ている。広く消費者が原発建設を下支えする制度となる可能性もある。

経産省がこの日の審議会に示した方針で、脱炭素や電力の安定供給に向けた対策として「長期脱炭素電源オークションの導入」が盛り込まれた。来年度の導入をめざしている。

この制度は、電力会社が脱炭素に対応した発電所をつくる場合に、複数年にわたる収入を保証するもので、応募した会社の中から選ぶ。支援に必要なお金は、電気の小売会社などから集め、支払期間は20年を想定している。家庭などの電気の利用者が小売会社に電気代を払っており、電気利用者が支える仕組みとなる。——

この「長期脱炭素電源オークション」という制度が導入されると、「消費者が原発建設を下支えする制度となる可能性もある」と朝日新聞が指摘している。

すでに述べたように、昨今、新電力会社連続倒産が起きて、その原因は経産省が作ったＦＩＴ（固定価格買取制度）にあることは明白であるにもかかわらず、今度はその屍の上に原発利権まで作ろうとする。

大量倒産を出した誤った制度設計を見直しもせずに、原発で似たようなことをやろうとしている。

筆者は単に原発に反対しているわけではない。そもそもなぜ問題だらけの太陽光発電を推進しておいて、失敗を認めないまま、原発で巻き返しを図るようなシナリオを書いたのか。利権ばかりが目立ち、確固たるエネルギー政策を描けないことに非常に憤りを覚える。

太陽光を巡って茶番劇を繰り広げてきたのと同様、原発についても国民から新たな名目で金を吸い上げるだろうというようなことを、続けてまたやるとは思わなかった。そもそも電力会社は儲かって剰余金が何千億円も積み上がっている。

今年はエネルギー価格の高騰で大手電力は軒並み赤字だが、それでも剰余金はしっかり残っている。それにもかかわらず、新たな国民負担が生じかねないような仕組みを作るという。

民間企業は設備投資をして儲けたら、その儲けは自分たちのものになる代わりに投資リスクを取っている。失敗したら赤字になるリスクを取っているからこそリターンがある。

それなのに、原発を作るリスクを国民に負担を強いて、利益は企業のものというのは解せない。

なぜ民間企業が設備投資をするのに、国民がその金の一部でも、直接負担する必要があるのか。自分たちで投資して売上を向上させ、利益から投資分を回収すべきなのではないのか。

そもそも電力が足りなくなるのは、もう何年も前からわかっていた。それをあたかも突然電力がひっ迫して、「国民のみなさん、再生エネ賦課金、原発賦課金が増えますが、我慢してください」などと、国民の生活を守る名目を振りかざす。そうして手を変え品を変え、国民を騙してお金をまき上げていく。給料が大きく上がらない時代に、それでは国民の負担と不満が募るばかりだ。

もはや利権の取り分を巡って争いを繰り広げている場合ではない。太陽光パネル利権は基本的に自民党左派のリベラルの政策。原発利権はずっと右派が推してきた利権なので、原発が悪いとか、太陽光が悪いとかではなくて、お互いの技術の使えるところと使いづらいところ、メリットやデメリットをすり合わせる。そのうえでエネルギーの最適なポートフォリオを考えていけばいい。

少し考えれば誰でもわかるような話なのに、まるで電力不足を昨日今日気づいて、慌てて国民のために電力不足を解消する案を作った、というような経産省のペテンには呆れる。天下り先を増やしたり、国民負担を増やすなど、さりげなくやられるのはごめんだ。

## 利権争いで揺れる言論界と政界

「太陽光パネル利権VS原発利権」の構図は、政界はもちろん、言論界をも巻き込んでいる。

それは、少し前にお茶の間を賑わせた三浦瑠麗氏の元夫・三浦清志氏が経営するトライベイキャピタルが、２０２３年に家宅捜索された事件からも窺うことができる。

この会社は太陽光パネルを巡る詐欺事件で告発されたが、実はこの事件はその１年以上前の２０２１年10月に小さなニュースで流れたことがある。その後パタッとどこも報じなくなり、立ち消えになったのかと思っていたら、一気に紛糾した。

振り返れば、小泉純一郎・進次郎親子が広告塔となっていた太陽光パネル設置会社に捜査の手が伸び、菅氏と近いシンクタンクにメスが入り、それが三浦瑠麗氏の元夫にまで及んだ。いずれも太陽光パネル絡みである。

前回の総裁選を巡ってもいろいろな動きがあった。総裁選の後に三浦瑠麗氏がメンバーに名を連ねていた成長戦略会議が廃止になり、三浦氏も政府に対する意見を言えるポジションを失う。三浦氏をはじめ太陽光パネル周りのコメンテーターを徐々にメディアで見かけなくなった。

永田町界隈を探ると、どうもこれは自民党内での太陽光パネル利権と原発利権の争いが激化してきたことが背景にあるようだ。ポスト岸田となる自民党の新総裁が、また菅氏のような太陽光パネル派になると困るので、原発推進派が事前に叩き潰しておいた。そんな観測も流れている。

時の首相を選ぶ自民党総裁選のウラでは、原発推進派と太陽光パネル推進派のしのぎを削る争いが起こる。第二次安倍政権が誕生した時はもちろん、太陽光パネル推進派の菅政権が誕生すると巻き返しが起こり、二階元幹事長とX氏は「親中派」だとバッシングが始まるなど、いろいろなことがあった。

某言論雑誌の社長が菅氏に「原発推進映画を作りたいので予算をください」とお願いしている場面を目撃したことがある。その時、菅氏はけんもほろろに断っている。あの時菅氏は官房長官として安倍元首相の側近だったが、あの様子を思い返すと、菅氏は太陽光パネル推進派であり、原発の推進映画には興味がなかったことが今はよくわかる。

岸田政権誕生以降、それまでの勢いを失ったり、失脚したりした人たちをよく見ると、小泉氏、河野氏、菅氏は、基本的に太陽光パネル推進派。そして菅氏と関係があり捜査のメスが入ったシンクタンクを率いる〝銀座のフィクサー〟も太陽光パネル推進派。おまけに、銀座のフィクサーが菅元首相に政府のアドバイザーとしてお勧めした三浦瑠麗氏の元夫は、太陽光パネルにまつわる不正で逮捕された。

岸田前首相が第一次岸田内閣発足時に「原発再稼働」を口にしたウラには、太陽光パネル絡みの政治家と言論人が失脚させられ、原発派のリベンジが起こったためだ。

好き嫌いを抜いて、失脚した人たちは何に絡んでいるのか、今回勢力を伸ばしている人たちはどういう人たちかを見ると、どうも「太陽光パネル利権VS原発利権」の闘いでは、原発利権組がいま力を伸ばそうとしている。

いまエネルギー政策といえば、太陽光パネルか原発のどちらかという話が二択で出てくる。筆者は太陽光パネルをかなり批判しているが、実は太陽光パネルが全てダメと言っているのではない。

有事のためにエネルギー源は複数を組み合わせたポートフォリオで持たなければいけない。原子力、自然エネルギー、火力のうちどれか一つだけが正解というわけではなく、上手にポートフォリオを組むべきではないだろうか。

安定電源として原子力も考えられるだろうが、事故時のリスクは高い。太陽光パネルも日中数時間しか発電しないうえに自然災害に弱い。それならば、建設に5年程度で立ち上がる便利な火力発電もやむをえないだろうし、中長期的にはアイスランドのように地熱発電開発も視野に入れるべきだろう。

利権の対立に振り回されるばかりで、明るい未来が見えない電力業界の現状を知るにつけ、利権や派閥争いとは一線を画したエネルギー政策が打ち出されることを切に望む。

# 第4章

# 新世界エネルギー秩序

## 「BRICS」VS「G7」

脱炭素利権のなかで、日本国内では太陽光パネル利権組と原発利権組が激しく争っている。ただ冷静に視野を広げてみると、エネルギー源は太陽光と原発だけではない。

そしてこの太陽光と原発の脱炭素利権に対して、対抗する勢力がある。エネルギー源として忘れてはいけないのが、化石燃料だ。20世紀をリードしてきた石油、石炭、天然ガスなどの資源国がいま立ち上がり、脱炭素を推進する「グローバリスト」に対抗しようとする動きが出始めている。

化石燃料グループの中心は、資源国を中心とする「ＢＲＩＣＳ」である。ＢＲＩＣＳとは、ブラジル、ロシア、インド、中国そして南アフリカの5カ国の頭文字をつなげたもので、ゴールドマン・サックスが２００１年に、成長著しい新興国を総称して提唱した。

ＢＲＩＣＳは世界人口の40％、ＧＤＰの4分の1強を占めるので、これまで世界を牽引してきた「Ｇ７（先進7カ国＝カナダ、フランス、ドイツ、イタリア、日本、イギリス、アメリカ)」にも対抗できると目されている。

この「G7」の支柱となっているのが、ダボス会議(毎年1月にスイスのダボスで開かれる「世界経済フォーラム」の年次総会)を中心とする勢力で、世界のリーダーが一堂に会することから、ここで打ち出される提言などが「新世界秩序」となってきた。そして、その「新世界秩序」に基づいて、グローバルビジネスでメリットを享受する大企業群を「グローバリスト」と呼ぶ。

現在、グローバリストは脱炭素を推進していて、その中心は先進国の王侯貴族が占めている。彼らが一堂に会する場が「ビルダーバーグ会議」だ。

これは世界的影響力を持つ人物や企業、機関が多い北米と欧州諸国を中心に、王侯貴族のほか、政治家や官僚、多国籍企業・金融機関、財団の代表などが出席し、北米や欧州の各地で年1回開催される完全非公開の会議だ。ビルダーバーグ会議で示されるアジェンダ(行動計画)をダボス会議が推進するという二重構造になっている。

その中心にいる欧州の王侯貴族は、中東やロシアなどの資源国が力をつけることを常に苦々しく思っており、だからこそ脱炭素を推し進め、化石燃料を売れなくすることで資源国の弱体化を図ってきたわけだ。

グローバリストが資源国潰しに奮闘するなか、２０２２年には米経済誌『フォーブス』が、「新世界エネルギー秩序におけるＢＲＩＣＳ　石油地政学でヘッジしろ」というニュースを報じたことがある。Ｇ７、ＮＡＴＯを中心とするグローバリストの「新世界秩序」に対抗するかのような文言だ。

ロシアのウクライナ侵攻後から化石燃料が高騰し、ＥＵが悲鳴をあげた。そのなかで、アメリカのバイデン大統領がサウジアラビアを訪問し、何とか石油を増産するようお願いした。このことを『フォーブス』は〝石油物乞い外交〟と辛辣に評している。

バイデンがいまさらサウジアラビアを西側の仲間に入るよう誘っても、サウジアラビア自身はバイデン訪問の前に、「ＢＲＩＣＳのグループに入りたい」と主張していることを見逃してはならない。

ＢＲＩＣＳにはエジプト、トルコ、サウジアラビアの３カ国が追加で加盟されると報告され、それ以前にはイラン、アルゼンチンが中国の支援を受けて加盟を申請している。

さらに、ロシアのウクライナ侵攻を批判して即時撤退を求める２０２２年の国連決議では、ロシアのほかベラルーシや北朝鮮など5カ国が反対したほか、中国やインド、南アフリカなど35カ国が棄権している。これら資源国勢力は「グローバルサウス」とも呼ばれ、結束力を強めようとしている。

ロシアのウクライナ侵攻を巡っては、ロシアとウクライナの仲裁役としてトルコの役割が期待されているのだが、ＢＲＩＣＳとの関係から、トルコがロシア寄りになっているのは容易に想像できる。

そして、そのなかでも利にさといのがサウジアラビアだろう。アラブの盟主とされる産油国で、自国で採掘できる石油は西側諸国に市場価格という高値で売って、安値で買えるロシア製の石油を国内で消費している。そのような形でいっそう儲かっているのが、現在のサウジアラビアの新たなビジネスモデルである。西側諸国のロシア制裁で生まれたアービトラージ（Arbitrage＝裁定取引）の機会が発生したことで、こんなことまで起こっていたのだ。

サウジアラビアが利にさといことに筆者自身、直面したことがある。サウジアラビア国有で世界最大の石油会社であるサウジアラムコは世界各国に子会社を持ち、その社長は王族の血を引く王子が務めている。

筆者は知人を通じてそのうちの2人の社長と食事する機会があり、日本に来た理由を尋ねたところ、「太陽光パネルビジネスに参入するかどうか、検討するために視察に来た」と答えた。「石油ビジネスもいつまで続くかわからない」と予見していた。

彼らはグローバリストの「資源国封じ」の動きをいち早く察知して、いかに生き延びるかをすでに考えていたのだ。

さて、問題は、「ＢＲＩＣＳ＝化石燃料資源国」VS「Ｇ７＝脱炭素推進組」の争いによって、その構造がもっと明確になってくると、解決の道筋がつかなくなり、ロシアのウクライナ侵攻がますます収拾のつかない事態になってくることだ。

そうしたなか、どうしても解せないのは、中国の立ち位置だ。習近平は侵攻当初はウクライナ派だったが、あるころからロシアも応援しながらウクライナも支援するという両建てをしている。こういったところが、アメリカはじめ西側諸国から疑惑の目で見られ始めている。

いずれにせよ、西側諸国がロシアに制裁をした結果、エネルギー価格が高騰して、ロシアは2022年1～3月の第1四半期は前年同期比で経常黒字が3倍になり、制裁されているはずのルーブルの価値も上がっている。西側諸国がいくら経済制裁を加えようとも、そのウラではBRICSを中心としたグループで稼ぎまくっているのだ。

ロシアのウクライナ侵攻後の2年で、西側諸国の世界的な影響力が落ちていたことが露呈し、BRICSのパワーと結束力が増したことは間違いない。このような状況で、今後も脱炭素という制約条件を維持し続けられるのだろうか。

## 米シェール革命から始まる資源国封じ

欧州の王侯貴族に端を発したダボス会議に所属するグローバリストらが、中東やロシアなどへの「資源国封じ」の動きを進めてきた。そのなかで、一番に利を得るのがアメリカで、それに便乗しているのが中国だ。

アメリカはもともと化石燃料の輸入国だったのが、シェール革命で2009年から輸出国へと変貌を遂げた。それは石油だけではなく、天然ガスもである。

天然ガスや石油の世界最大級の輸出国に変わった途端、アメリカが中東に仕掛けたのは民主化を求める大規模な反政府デモ「アラブの春」だった。２０１０年から２０１２年にかけて、フェイスブックなどのソーシャルメディアを使い、中東諸国で数々の動乱を起こした。

２０１０年12月にチュニジアでジャスミン革命が始まり、それが飛火してヨルダンやエジプト、リビア、シリアと各地で内戦が始まって中東が混乱した。スンニ派やシーア派、イラン革命隊、アルカイダ、アイシスが出てきて混乱に拍車がかかり、中東の石油輸出量が減っていった。

なかでもイランに対し、隠れて核兵器開発を進めていたとして、経済制裁が断行された。国際的な決済システムである「ＳＷＩＦＴ（Society for Worldwide Interbank Financial Telecommunication：国際銀行間通信協会）」からイランを締め出し、イランへの投資も禁止した。

制裁でイランの石油輸出量が激減するなか、リビアの国営石油企業が崩壊し、ナイジェリアでは石油のパイプラインが破壊された。一方南米の大産油国ベネズエラも、マドゥロ大統領の独裁で産出量が激減。世界中の産油国でいろいろな事件が相次ぎ、石油の供給量が不足した。

供給量が減った分、石油価格は跳ね上がると見られたが、実際には上がらなかった。それは中東を中心とした世界の産油国が減産した穴を、アメリカのシェールオイルの増産によってきっちり埋めたからだ。

2013年あたりから、アメリカの1日あたりの原油の生産量はロシアやサウジアラビアを超えていった。アメリカは「アラブの春」の混乱に乗じてかなり儲けたのである。中東の弱体化も図れるし、自分たちのオイル収入も上がるという一石二鳥の策となったわけだ。

「アメリカのシェールオイル主要地区と主要産油国の原油生産量の推移」を見ると、2011年からイランの原油生産量が急減しているのとは対照的に、アメリカのシェールオイル主要7地区のオイルの生産量が急増している。振り返ると、実はこの頃からアメリカのシェールガス革命の時代に移りつつあったという様子が窺える。

そうした「イラン制裁」を中心に、資源国封じに打って出た手口は、現在のウクライナ侵攻から起こったロシアへの制裁と酷似している。イランの原油を買わせない。そのためには「ＳＷＩＦＴ」も使わせない、投資もしないとイランを追い詰め、その間にイランの石油ビジネスを乗っ取った。それと同じ作戦でロシアを経済的に潰そうというのが、ウクライナ侵攻をきっかけに行われたロシアへの制裁だ。

というのも、天然ガスの輸入をロシアに頼ってきたドイツにロシアを制裁させて、ドイツが天然ガス不足に陥ったら、アメリカのシェールガスを売り込む手筈が整っていたのである。ところがガス液化プラントの事故でタイミングがずれこみ、ドイツが困窮することになった。

そればかりか、アメリカは天然ガス高騰で赤字に陥ったドイツの企業を自国に誘致することまでやっており、いわばドイツを陥れたわけである。

アメリカはシェールガス革命の先駆者であり、採掘に関しても世界一の技術を持っている。

独立行政法人エネルギー・金属鉱物資源機構の資料によると、シェールガスやオイルは頁岩《けつがん》と呼ばれる泥が固まった岩石の層であるシェール層にあり、水の圧力で岩盤を壊すことにより、そのガスを採掘することができるとされている。

その技術はアメリカが最先端だ。

アメリカはシェール採掘技術を使い、ウクライナ東部ハルキウ州とドネツク州にあるシェールガスを採掘しようという動きがあった。それがブリスマと呼ばれるバイデン大統領の息子ハンター・バイデンが幹部になっていたウクライナの天然ガス事業だ。

そして、このブリスマの影のオーナーは、コロモイスキーという、ウクライナのオリガルヒ（新興財閥）だ。彼は、ゼレンスキー大統領をプロモーションしたメディアの会社のオーナーだったと言われている。

コロモイスキーは、ゼレンスキーがまだ芸人だった頃に「国民のしもべ」というドラマで、ウクライナの汚職を退治する正義の味方の大統領というドラマを作った。ゼレンスキーのイメージアップを図り、大統領への道を開いたのだ。

さらにコロモイスキーは傭兵を雇い、ブリスマが採掘しようとしているドネツク州にあるユズヴィツカ鉱区の近辺に住んでいるロシア系住民に、攻撃を仕掛けたりした。だからプーチンは、ブリスマとコロモイスキーを邪魔だと思っている。

ウクライナ東部地図

バイデンの息子のハンター・バイデンはそのブリスマの幹部だった。アメリカはシェールガスで欧州をロシア依存から引き離したかった。そして儲けたかった。

だからトランプは2020年、大統領選のゴタゴタがあった時に、「ハンター・バイデンのブリスマに関する情報を出してくれ、その情報持っているはずだ」とプーチンに頼んだわけだ。

トランプはアメリカのシェールガスを欧州に売り込みたいので、ロシアと欧州をつなぐ天然ガスのパイプライン・ノルドストリーム2の開通に反対をしていた。その一方で、プーチンもブリスマのハンター・バイデンの件を嫌がっているだろうと考え、情報公開をしてくれと頼んだのだ。

プーチンがブリスマによるユズヴィツカ鉱区の開発を快く思っていなかっただろうとトランプが考えるのも当然だ。ウクライナのシェールガスの埋蔵量は欧州第4位といわれ、それがウクライナで採掘されてしまうと、ロシアの欧州に対する天然ガスビジネスにとって大きな打撃となる。しかも、アメリカ、特にバイデン大統領の息子と組んで採掘されて、これをパイプライン経由で欧州に売ることになると、ロシアはビジネスをアメリカに奪われる形となるのだ。

バイデン親子からすると、ウクライナのユズヴィツカ鉱区の天然ガスを欧州に売れば、欧州のロシア依存は低くなる。そうすると、アメリカはロシアに対して弱腰の欧州に、強く出ろと言うことができる。

ロシアは、自分たちの国を守るためにも、このユズヴィツカ鉱区の東部にあるシェールガスの油田を手に入れなければ、欧州が完全にアメリカの言いなりとなり、自分たちの安全保障を脅かされると予測したのだろう。そこまで追い詰められていた可能性が高い。

2022年2月24日に始まったロシアのウクライナ侵攻は、2年以上経ったいまでも混迷している。このシェールガス問題が、理由のひとつであることは間違いない。

## 欧州のロシア依存

ロシアとウクライナの確執は長い。

1990年頃まではロシアから欧州へのガスの輸出は、ウクライナを通るパイプラインが80％を超えていた。ところが、90年代初頭にウクライナが旧ソビエトから独立後、世界最大のロシア天然ガス企業・ガスプロムが欧州に輸出する天然ガスの代金を、ウクライナが支払わなかったり、ウクライナ国内を通るパイプラインから、天然ガスを横取りしたりする事例が横行した。

ロシアが何度請求してもウクライナが全額支払うことはなく、この問題は泥沼化し始めたのだ。業を煮やしたロシアはパイプラインのウクライナ依存を下げる方策を打ち出し、ウクライナを避けてポーランド経由でドイツに天然ガスを流す「ヤマル・ヨーロッパ」や、ロシアから直接ドイツに流す「ノルドストリーム」、ブルガリア経由でハンガリーに

**ロシアとつながるパイプライン**

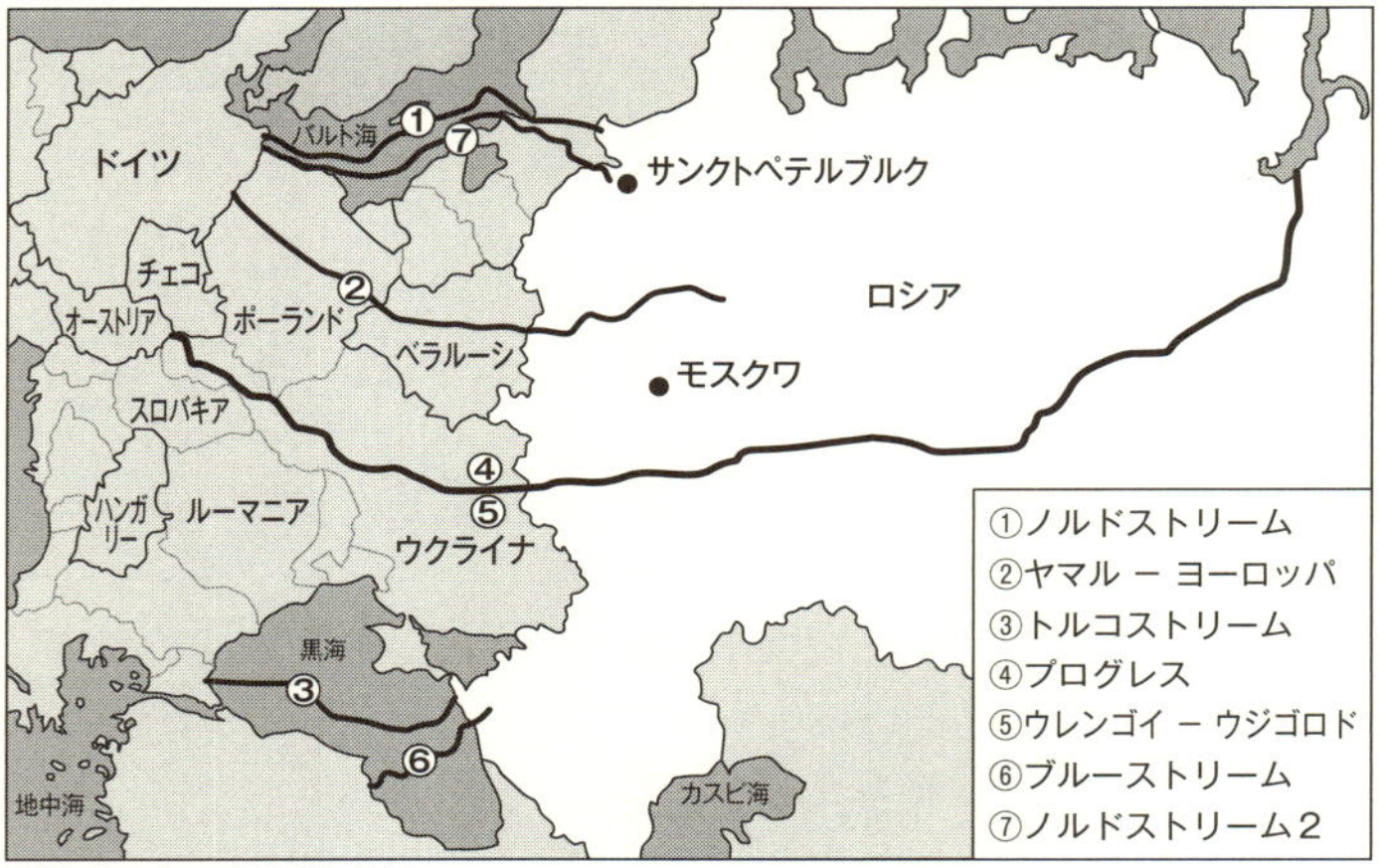


出所：ガスプロム年次報告書より

向かう「トルコストリーム」（昔はサウスストリームと呼ばれていた）のパイプラインを建設した。それが功を奏して、ロシアのウクライナ依存は40％を切るかというところまできていたのだ。

そして２０２２年からは「ノルドストリーム２」が稼働するはずだったが、ロシアのウクライナ侵攻を受けて、ドイツが稼働を認可しないと発表した。

これはウクライナにとっては願ったり叶ったりだ。ノルドストリーム２が始動すればウクライナ経由のパイプラインでの輸送量が減るので、年間20億ドル近くのガスの通行料が入らなくなる。だから稼働してほしくなかった。

一方、アメリカは、ノルドストリーム１と2が使えなくなれば、代わりにドイツにシェールガスを売るビジネスチャンスが舞い込むので、ウクライナと利害が一致した格好だ。

そもそも欧州がロシアに天然ガスを依存している限り、アメリカがロシアを完全に封じ込めることはできない。欧州では暖房が必要となる冬に向けて、常にゴタゴタを繰り返してきたのだが、ロシアの天然ガスが滞るとガス代が上がり、電気代までも高くなるとインフレになるのは当然だ。

ロシアはウクライナ侵攻で、欧州がＮＡＴＯを通じて安全保障上の脅威となることを恐れて、欧州に対してガス供給を細らせた。ガス代や電気代高騰、インフレ率の上昇により、欧州各国の国民が動揺すると政治家も怯むので、ＥＵ各国の歩調は乱れ始めたわけだ。ロシアの狙いはそこだった。ＥＵの中心であるドイツさえロシアに軟化すれば、残りのＥＵ各国も強硬ではいられなくなる。

アメリカにしてみれば、ドイツが天然ガスさえロシアに依存していなかったら、ＥＵがもう少し言うことをきいてくれて歩調が合うはずだが、欧州のエネルギー構成は多様でそうはいかない。原発の多いフランスやイギリスなどロシアの天然ガスに全く依存しない国と、ドイツのようにロシアの天然ガスに依存している国とで、ロシアに対する態度は180度異なるのだ。

バイデンからすれば、ウクライナ東部でシェールガスを採掘して、欧州に売り出せばEUのロシア依存を下げられるし、自分たちも儲かる。

アメリカは、そうした一石二鳥を目論んでいたのだろう。

## 欧米のロシア制裁で漁夫の利

2022年9月15日、プーチンはウズベキスタンのサマルカンドで習近平と会談をした。その同じ日に上海協力機構首脳会議が行われ、プーチンは習近平との蜜月を演出するつもりだったが、習近平の態度は冷淡だったと報道されている。

習近平は〝隠れグローバリスト〟なので、実はウクライナを応援している。プーチンとビジネスはしても、ウクライナ関連に関しては、ロシアを助けることはできれば避けたい。

その会談でロシアと中国とモンゴルの3カ国の首脳会談も設けられたが、そこでのプーチンの最優先事項は、習近平にロシアを救ってほしいというものではなく、モンゴル経由で新しい天然ガスのパイプラインを中国に作らせることだった。

実際、モンゴル経由でロシアの西部と中国北部を結ぶパイプライン構想は合意に至った。プーチンからすれば、この時の習近平の対応は、おおむね計算通りだったようだ。

ただし、ロシアは制裁を受けていて、中国に対しては3割引きのバーゲンセールで天然ガスを売ることになるが量でカバーすることによって、欧州向けに失った損失のいくばくかは取り戻せるのではと思われる。

中国とは領土問題を抱えつつ、欧米から制裁を受けるロシアはどうにか天然ガスの販売ルートを確保した。ここで最も得をした国はどこかといえば、モンゴルである。モンゴル経由で中国にガスを供給するため、モンゴルはロシアからガスパイプラインの輸送量の通行料を稼げるから、大した負担もせずに儲けることができる。この件に関して反対する理由は全くない。

いくらアメリカが世界にロシア制裁を迫っても、各国の事情は違うので、モンゴルからすればロシアと中国に挟まれているので、アメリカに追従しても意味がない。そして「漁夫の利」をしっかり得ていることになる。

## ロシアのアメリカ対策

アメリカの打算は失敗に終わりつつある。

実際ロシアは、アメリカがイランに対して行ったものと同じような制裁を受けても大きなダメージは被らなかった。ロシアは金融市場や国際決済に関しては、イランよりも賢い対策を取ったのだ。制裁によって国際決済システム「ＳＷＩＦＴ」が使えなくても、違う抜け道を見出した。通貨が暴落しても、金（ゴールド）との交換を発表して暴落を食い止めた。西側諸国による制裁に同調しない国々に対して、石油を3割引きで売った。

サウジアラビアなどは喜んで跳びついた。もともとアメリカ寄りだったサウジは、アラブの春を経てロシアに急接近している。イスラム教スンニ派が多いサウジはシーア派からの嫌がらせに頭を悩ませていたが、アメリカの介入によるアラブの春によってシーア派の力が弱くなった。

そこで、「もうアメリカの言うことを聞かなくてもいい」となり、ロシアに急接近した。石油の価格調整は産油大国であるサウジとロシアが主導権を握って話し合う動きとなる。

軍事費で見ると、アメリカ、中国に次いで3位にサウジが入り、4位のロシアと急接近することは、アメリカにとって大きな計算違いだった。

２０２０年にアメリカの産油量は過去最高の日量１３００万バレルにまで増えた。そのため、アメリカがサウジの石油ビジネスのライバルになっていた。そのため、ロシアがウクライナ侵攻しても、そのウラではサウジがロシアを支える構図となっている。それによってアメリカがいくらロシアを制裁しても、サウジはロシアから安値で石油を買って転売するビジネスを繰り広げているわけだ。

振り返ると、２０００年代に入り、ＢＲＩＣＳはじめ資源国が台頭するなか、アメリカではシェール革命が起こり、アメリカが一気に資源大国へと躍り出た。ところが、アメリカがロシアを叩きすぎたことによって、ＢＲＩＣＳの結束がまた強くなっている。ロシアとサウジは歴史から学んだのだ。

## ウクライナ侵攻から見えてくる利害構造

ロシアとウクライナの利害関係は、混迷を極めている。ステイクホルダーも多く、利害関係もエネルギー、レアメタル、食料など多岐にわたり複雑だ。利害関係は、1．露ウ間の領土問題、2．米露間の天然ガス争い、3．ロシアVSNATO・G7の対立、4．中国の電力輸出利権、5．台湾の半導体利権、6．中国のレアメタル利権と問題が絡み合っている。

ロシアとウクライナが戦うことにより、それを煽っている人たち、その周りにいるプレイヤーは何を狙っているのか。それによって世界経済はどう動くのか。それが日本国民である私たちにどのように降りかかってくるのか。それは常に考えておきたい。

ロシアとウクライナの問題は、表面的には単なる領土問題に見える。ところが、全体像を見ると、ここまで述べてきたような「天然ガス利権」の問題が見えてくる。ロシアVSウクライナではなく、ロシアVSアメリカとウクライナの戦いである。

そして、この天然ガス利権問題は、そもそも欧州がロシア産の天然ガスに依存していることに関して、欧州とアメリカが懸念をしていたところに端を発している。

だから「ロシアVSＮＡＴＯ」という構図になっている。単なるイデオロギーでアメリカがロシアを潰そうとしているだけではなく、脱炭素を巡る対立もある。天然ガスや石油、石炭という化石燃料を今後は使わないという欧米の流れ、それは結局、ロシアや中東などの産油国、資源国にエネルギー覇権を握られたくなかったからなのだということも見えてくる。

ただ、まだ別の利害もある。第４の中国の電力輸出利権だ。脱炭素を完成させようとすると、エネルギーが全部電気に変わる。電気に変わるということは電気を流すインフラ送電網が必要になる。

それが「グローバル・スーパーグリッド」、「グローバル・エネルギー・インターコネクション」と呼ばれる、国境を越えてお互いの国の送電網をつなぐ構想であり、地球規模での送電網利権が膨らもうとしている。

前述のとおり、これについてはアメリカと中国が組んでいる。実はこのグローバル・スーパーグリッド構想は中国発なのだが、それにアメリカが乗り、バイデン大統領の目玉政策として推進されてきた。

これが完成すれば、ロシアや中東は化石燃料が売れなくなってしまうので、内心は反対している。そして、グリーンエネルギーや送電網を作るのに何が必要かと言えば、次に半導体が関わってくる。

半導体が絡んでくると台湾の出番だ。台湾は世界の半導体製造の7割を占め、その台湾を支えているのは欧米ではなく、実は中国である。それもアメリカにはわかっている。アメリカと中国は送電網利権に関しては組んでいるが、半導体では激しい対立をしているのだ。

さらにグリーンテクノロジーを進めると、最後の蟻地獄の穴は中国にある。グリーンテクノロジーの機材、最先端半導体の素材のなかには、かなり多くのレアメタル（希少金属）が含まれている。

そのレアメタル、レアアースの世界で一番埋蔵量が多いのは中国なのだ。欧米は自分たちがロシアと中東を追い詰めるため、脱炭素を推進して化石燃料からの依存を宣伝してまっている。しかし、この脱炭素を推進すれば、最後は中国に依存しなければならない構造になっているのである。

## アメリカによる欧州弱体化

中国の壮大な思惑にアメリカはどう立ち向かうのか。当然、アメリカにもメリットはある。それを読み解くために、少しアメリカと欧州の関係を振り返ってみたい。

EUはそもそも「反アメリカ」から始まっている。アメリカに対抗するために始まったのが西欧州各国間の協力体制だ。

第一次、第二次世界大戦を通じて戦場となった欧州では、敗戦国となったドイツはもちろん、各国の国力も大幅に削がれていった。戦後、アメリカのドルが基軸通貨となり、まるでアメリカが「漁夫の利」を得たように強くなっていった。対照的に、弱体化した欧州各国の経済は疲弊した。

「自分たちがこんなに疲弊しているのに、なぜアメリカは繁栄しているのか」。その理由を突き詰めると、欧州では大国同士が常に争ってきたことが見えてきた。なかでも、ことあるごとに火種になってきたのが、ドイツとフランスの国境地帯にあるアルザス地方。そこで採掘される鉄鉱石を巡ってドイツとフランスは争いを繰り返してきた。そこで争いを止めるために結ばれたのが、「アルザス鉄鋼同盟」だった。

そして、これが前身となり、欧州経済共同体（ＥＥＣ）、さらにはＥＵの誕生につながっていく。さらに、基軸通貨であるドルに対抗するために「ユーロ」が生み出された。本来、経済力が異なる国の通貨をひとつにまとめると混乱するが、ギリシャやイタリアなどにしてみれば強い通貨の恩恵にあずかるほうが得だといった打算が働き、ドイツやフランスが主導する案に乗った。何よりアメリカに対抗するためには、強い通貨が必要だった。

ＥＵの原点はアルザスにあるからこそ、ＥＵの重要な組織である欧州議会はパリでもベルリンでもなく、アルザス地方のストラスブールに置かれ、ＥＵ本部のあるベルギーのブリュッセルとともに重要拠点となっている。

反米で始まったＥＵはドルに対抗してユーロを作ったが、ロシアのウクライナ侵攻でユーロが安くなってしまった。そのうえドイツは工業国なのに、天然ガスや電気などのエネルギー価格の高騰で、工場が操業停止などに追い込まれ、ふたたび弱体化の危機に瀕しているのだ。

そこにつけ込んできたのが、アメリカだ。エネルギー高にあえぐ企業からすると、シェール革命によって資源大国となり、安いエネルギーが使えるアメリカに移転したほうがコストが下がる。ドイツ企業などは生産拠点を移し始めている。ドイツの労働組合が、「このまま行くと、ドイツは脱工業化で産業を失う」と警鐘を鳴らしたほどだ。

アメリカが主導してドイツがロシアを制裁することによってドイツ自体が弱体化し、それによってアメリカのライバルであるＥＵが弱体化。ドイツの経済を支えていた産業をアメリカが手に入れるという、願ったり叶ったりの状況がアメリカに転がり込んでいる。

２０２２年9月26日、ロシアと欧州を結ぶ「ノルドストリーム２」が爆破されたが、その翌日には、なんとノルウェーとポーランドを結ぶ「バルチック・パイプ」という天然ガスのパイプラインが開通している。

ポーランドはノルウェーから天然ガスを買えて、隣国のドイツにも輸出ができるようになった。しかしその量はノルドストリームの5分の1以下とされ、おそらくそれだけではドイツに潤沢な天然ガスが出回るとは考えにくい。ドイツ経済の弱体化はまだまだ進みそうであり、そのウラでほくそ笑むアメリカの姿もちらついてくる。

## OPECがアメリカに反旗

くり返すが、ガスを巡るアメリカとロシアの対立の底流にあるのが、「化石燃料利権VS脱炭素利権」の対立だ。

2022年7月、アメリカのバイデン大統領はサウジアラビアを訪問し、石油の増産を依頼した。エネルギー高でインフレが加速すればアメリカ自身も厳しくなるので、インフレ対策として石油の供給を増やしてほしいと、OPECの盟主国であるサウジに働きかけたのだ。

しかし、その年の10月に、ロシアを加えたOPECプラスは協調減産を発表。アメリカに反旗を翻したのである。

欧米メディアはロシアに味方するような判断を批判したが、中東からすれば、その手には乗れない。アラブの春で自分たちの石油ビジネスをアメリカに乗っ取られたのと同じ構図が、いまロシアで起こっている。もちろん、中東諸国はただロシアを助けたい一心ではなく、それ以上に欧米と中国が脱炭素を推進して、石油の需要がピークアウトして石油価格が下落する未来を危惧している。

グローバリストに脱炭素利権が推進されること自体、中東にとっては望ましくない。ここでアメリカに協力して石油増産を行えば、ロシアとウクライナの紛争が終わったと同時にまた脱炭素を盾に減産を要求するのは見えている。そう考えると、中東はアメリカのために協力すると自分で自分の首を絞めることになる。よって中東は、ロシアのためというよりも、むしろ自分たちの利益を守るため、自分勝手なアメリカへの静かなる抵抗として石油減産に踏み切ったのだ。

これは、欧州に自分のいうことを聞かせようとするバイデン政権にとっては打撃だっただろう。

**ドイツの太陽光発電設備の新規設置容量の推移**
**（1年に新しく設置された太陽光発電設備の容量）**

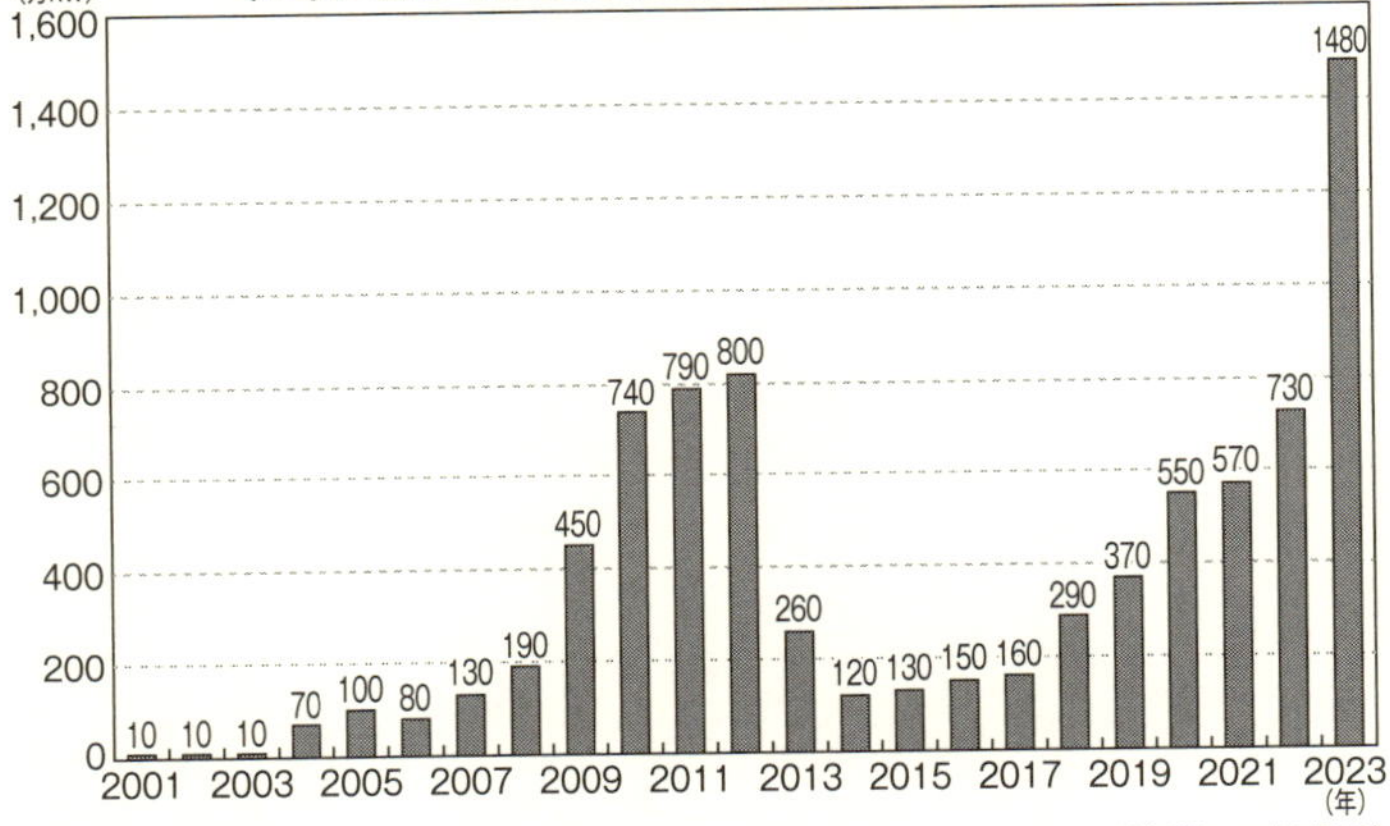


出所：2001～2022年の数字/BMWK（2023年5月5日）、2023年の数字/フラウンホーファーISE研究所（2024年4月3日）

その余波でエネルギー高、電力高騰、インフレでロシア依存の高かったドイツは経済が落ち込み、製造業はドイツを捨ててアメリカや中国に工場を移転するという事態が相次いだ。家庭は太陽光パネル導入で電気代の節約につながるが、製造業などは太陽光パネルだけで必要な安定電力を確保することができないからだ。

ドイツは、２倍以上に高騰した電気代による国民の不満を回避するために、２０２３年に太陽光パネル設置に関する規制緩和に踏み切ると、中国製太陽光パネルの価格下落でリーズナブルになったこともあり、ドイツの太陽光発電設備の新規設置容量は前年の２倍にまで跳ね上がったのだ。

ただし、ドイツが天然ガスから太陽光パネル依存を高めるということは、エネルギー依存がロシアから中国に移動するだけである。アメリカからすると、ノルドストリーム2破壊でドイツのロシア依存を脱却させ、もっとアメリカの言いなりにさせたいという政治的思惑があったのだろうが、ＯＰＥＣが反旗を翻したことによって事態は期待外れの方向に動いたということだ。

## 中国「ロゴ」問題

本書が出版される頃にはアメリカの政権が変わるかもしれないが、バイデン政権の目玉はグリーン・ニューディール政策だ。

そのなかでも、注目すべきは、「グローバル・エネルギー・インターコネクション（グローバル・スーパーグリッドともいう）」と呼ばれるグローバル規模で送電網を国家間で相互接続する事業だ。ここでは、半導体問題で対立しているアメリカと中国が手を組んで世界各国の送電網をつなぎ、アメリカや中国が世界に電力を輸出しようと考えているからだ。バイデン大統領は売電利権を追求したいのだろうが、彼自身は脱炭素を推進して国内での火力発電は規制しているので、本命はおそらく原子力発電だろう。

「3・11」の福島第一原発事故で原子力発電への投資が細った日本と異なり、アメリカや中国では、原発の研究開発がいまでも盛んに行われている。特にマイクロソフトのビル・ゲイツは核融合炉の開発を中国で進めるだけでなく、ナトリウム冷却小型高速炉を開発するテラパワーに投資して2030年にはワイオミング州で第1号炉が稼働する予定だ。

アメリカは、ロシアや産油国がこれまで行ってきた「資源によって外国を支配する」という安全保障戦略を、自分たちが取って代わろう――そんなソロバンをはじいている。そのため脱炭素を理由に資源国を叩き、自分たちは原子力発電の開発を続けている。半導体をはじめ「米中対立」が激化しているといわれるが、そのウラでアメリカと中国は、この送電網の利権に関しては利害が一致している。

中国は、最終的には製造業の弱いアメリカより自分たちが勝つだろうと踏んでいる。アメリカとは利害が対立する部分もあるが、協力することによって西側諸国でも送電網の相互接続が拡大していけば、最終的に中国が諸外国に売電することによってエネルギー支配を強めることができると考えているためだ。

心配なのは、「３・11」の原発事故以降、東日本の原発の多くが稼働停止を余儀なくされたことだ。あれ以降、国家の電力政策が国民のためでなく自民党の派閥争いでボロボロになったのだ。

ＧＤＰの低成長が続く日本の経済を立て直すのに経産省がついに重たい腰をあげ、半導体政策を介して外資へのバラマキ、生成ＡＩブームに乗ってＡＩデータセンターの推進などを始めたが、肝心の電力確保についての具体案はないのだ。

半導体工場もＡＩデータセンターも莫大な電力を消費する。半導体帝国の台湾では、半導体製造工場に優先して電力を融通するので、年がら年中停電している。しかも、最先端の2ナノメートル半導体の製造工場は、20ナノメートル半導体の製造工場のおおよそ10倍は電力を消費する。

アメリカもＡＩデータセンターを推進しているが、ＡＩデータセンターは普通のデータセンターの倍以上の電力を消費する。例えば、生成ＡＩに質問するのと、グーグルで同じことを検索するのでは電力消費量は10倍変わってくるという。

経産省は北海道に最先端の2ナノメートル半導体工場ラピダスとソフトバンクのAIデータセンターの誘致を決めた。ところが、経産官僚からのリークによると北海道で稼働が予定されているラピダスは60万キロワット、ソフトバンクのAIデータセンターは40万キロワットほどの電力容量を必要としている。ところが、北海道は電力が足りておらず、需要と供給の電力バランスを見る予備率が夏のピーク時に3％を切ることもあるような状態だ。

おおよそ、北海道の最大電力供給量は600万キロワット弱というところに、合計100万キロワットもの電力を消費するラピダスとソフトバンクという企業を誘致した経産省の無計画ぶりはなかなかのものだ。電力は経産省の管轄だが、日本の官僚は職場を転々とするのでエキスパートが育たない。官僚組織のなかで専門家が育たないうえに、政治家が利権を推し進めるので日本の電力政策は崩壊が見えているのだ。

それを象徴するような出来事が中国「ロゴ」問題である。

2024年3月のことだった。再生可能エネルギーに関する内閣府の会議で共有された資料に中国の国営企業「中国電網公司」のロゴが入っていたことが明らかとなった。透かしは「中国電網公司」のロゴで、スライド資料の最終ページ右上に入っていた。

この資料を作成、提出したのは「自然エネルギー財団」の大林ミカ氏。あの孫正義氏が設立した財団の事業局長である。本人は「財団と中国企業・政府の金銭的、資本的、人的関係はない」と産経新聞で否定しているが、エネルギー政策という国家の根幹に関わる議論の場に、中国の影響力が及んでいたことを考えると、非常に由々しき事態だ。それまでに開かれた複数の国際会議でも使用されており、うっかりでは済まされない話である。

これまで本書で触れてきたように、孫正義氏は東日本大震災後、「自然エネルギー財団」を設立し、電力利権や太陽光パネル利権の拡大にまい進してきた。そして、同財団が推進しているのが、ゴビ砂漠で再生可能エネルギーによる発電を行い、広くアジアを送電網でつなぐ「アジアスーパーグリッド構想」だ。

そして、さらに世界中の送電網をつなぐというのが「グローバル・スーパーグリッド構想」であり、それを推進しようとしている団体が「グローバル・エネルギー・インターコネクション発展協力機構（ＧＥＩＤＣＯ）」である。このＧＥＩＤＣＯの会長に中国国家電網の前会長・劉振亜氏、副会長に孫氏が就任していた時期もある。そう考えると、自然エネルギー財団の「アジアスーパーグリッド構想」とは、中国が推進する「グローバル・スーパーグリッド」の下請けのような位置づけにあるのだ。

このようにファクトを並べるだけでも、中国「ロゴ」問題は利権に群がる中国「ロゴ」問題だったといえる。

2011年の原発事故以来、孫氏は脱原発に向けて太陽光など再生可能エネルギーの普及を推し進め、それでも足りないから中国から輸入しようという構想で「自然エネルギー財団」を設立した。自然エネルギー財団を通じて、一国の安全保障に関わる電力政策を中国国営企業に作ってもらって、のうのうとしている政治家と官僚の怠慢が見えてくる。

しかも、ソフトバンクは太陽光発電用の設備を積極的に推進している。その設備で使われるのは、中国ファーウェイ製のパワコンとスマートロガーである。前述したように、CIA元長官からスパイ企業と名指しで批判されたファーウェイは、TSMCをはじめとする台湾系半導体企業群とともに「浙江財閥」の中心を構成している。

それら中国をはじめとする中華系勢力が、すでに日本の内閣府のなかにまで潜り込んで、国家の根幹となる資料を中国側が作成していることを中国「ロゴ」問題は明らかにした。

日本政府中枢に食い込み、政策を作り、日本の国家予算を兆単位で吸い上げる中国の財閥「浙江財閥」の存在は、日本にとって深刻な問題である。

## 浙江財閥の世界支配

本章の最後に、中国の思惑について触れておきたい。

世界各国がダボス会議から発表されるグローバリストの政策に翻弄されている。そのグローバリストに堂々と反旗を翻したのがロシアで、それに追随しているのがＢＲＩＣＳに参加する資源国だ。

中国は一見してロシア寄りだが、実は中国国内は２つに分かれている。それは、習近平を長年支えてきた浙江財閥と、浙江財閥を憎く思う伝統的な共産党員だ。浙江財閥はウクライナ寄りで実態はダボス会議に所属するグローバリスト、伝統的な中国共産党員はロシア寄りで反グローバリストだ。

最近、中国でも脱炭素政策が取られて、風力発電や太陽光発電に莫大な助成金を注いでいる。「ゴミ電力（再生可能エネルギーのこと）に国家の金を使って」と不満に思うのは、反習近平派の共産党員だ。習近平は、自分を支える浙江財閥に金を流すために、太陽光パネルやEV関連企業に莫大な予算を付けている。

習近平は共産党の内部から、外国企業であるTSMCやフォックスコンや、そこと癒着するファーウェイばかりを優遇するなと突き上げを食らっている。ただし、習近平としては浙江財閥がタニマチなので逆らうこともできないため、ファーウェイやTSMCを使って世界中の半導体を支配し、米軍の半導体も支配しているからこそ、自分たちはキングメーカーになれると説明している。

そう、浙江財閥は産業のキングメーカーであり、戦争のキングメーカーだ。彼らは、ロシアへの半導体供給を絞り、ウクライナを助けようと必死なのだ。そして、いまはイスラエルと敵対するイランやヒズボラへ兵器を供給している。それができるのは、浙江財閥が支配している企業は兵器製造に関わる企業も少なくないからだ。

習近平は浙江財閥関連企業ばかりに助成金を流しているので、中国国内ではファーウェイやアリババ、ＴＳＭＣに対する不満は高まっている。浙江財閥が、中国の伝統を重んじる共産党員からは嫌われているもう一つの理由は、清王朝の時代に、中国人が阿片漬けにされて、中国が欧米列強から日本にまで植民地支配された屈辱の背景には、彼らが外国政府とつるんで中国人を売っていたという面もある。

ロシアのウクライナ侵攻で習近平も微妙な立場となっている。

伝統的な共産党員にとってロシアは「同じ共産主義圏」という認識だ。ところが、浙江財閥は彼らの支配下にある兵器工場がウクライナの東部にあるので、ロシアにウクライナ東部を取られるのは困るわけだ。習近平としては、タニマチの浙江財閥の利権があるウクライナ東部の工場をさりげなく守ろうとしていたフシが中国内で指摘され、習近平は〝隠れグローバリスト〟ではないかと中国内でもしばしば話題になっていたが、国内政治のために彼はそれを隠しているのだ。

その一方で浙江財閥は、習近平の影響力を使って、自分たちのビジネスを拡大しようとしている。世界各国で送電網を相互につなぐにせよ、いまやパワコンや変圧器などの送電網製品は中国製がその大半を占めている。そして、送電網の電力管理に使う通信機器にファーウェイ製品を忍び込ませれば、世界中の電力情報を中国が握ることになる。そのうえ、世界各国の兵器開発には「半導体」が不可欠であり、浙江財閥の協力なしに兵器を完成させることは難しい状態となっている。

彼らは半導体製造を支配することによって、キングメーカーとなっているのだ。浙江財閥が半導体を通じて世界の通信を支配する動きをいち早く察知したのはイスラエルだ。

2024年9月にレバノンでイスラム教シーア派の武装組織ヒズボラが利用していた通信機器であるポケベルとトランシーバー、そして太陽光パネルが連続で爆発した。ヒズボラのリーダーは欧米製のスマホは傍受されるリスクがあるとして、自分たちの兵士にポケベルやトランシーバーを持たせていたのだ。そして、充電には太陽光パネルを利用していた。

この爆発した三種類のデバイスの共通点は、浙江財閥の支配下にある工場で製造したチップを利用していたという点だ。

ＴＳＭＣはファーウェイと組んで、米国防総省が調達する兵器やデバイスのチップにバックドアを仕込んできた。このポケベルとトランシーバーは、米国が軍事利用で製造を外注しているメーカーのサプライチェーンで製造されたものだった。

戦場で兵士はスマホではやり取りしない。スマホはハッキングされやすく偽の命令を受信すると戦線が混乱する。そういった事態をさけるために、最前線の兵士は軍事用ポケベルで司令塔のサーバー経由で命令を受信するのみ。あるいは司令官からの命令を伝達する軍人は特殊な周波数帯のトランシーバーでやり取りする。そのため、米軍やＦＢＩもポケベルやトランシーバーを利用するので、それ専用に外注しているのだ。

これらの軍事用のポケベルは、ハッキングされると警告が表示されるので、兵士はすぐにポケベルを捨てなければならない。ハッキングされたという警告表示なしに爆破できたとしたら、スレイブであるポケベルに直接ハッキングされたのではなく、マスターであるサーバー側がハッキングされたと考えるのが自然である。

アメリカとイスラエルを嫌うヒズボラがなぜ、米軍の外注先で製造された通信機器を使ったのかは、米軍の通信機器を製造する台湾企業をヒズボラが「仲間」だと認識しているからだ。

中国はアメリカの軍事技術を盗み、米軍を骨抜きにするために、台湾を「西側諸国の友達」の皮を被った抜け穴として利用してきた。そして、米軍サプライチェーンに入り込んだのが半導体製造と電子基板製造の大半を支配する浙江財閥配下の台湾企業だ。彼らは「親米親日」を装ってアメリカを欺いてきたのだが、それに先に気が付いたのはＣＩＡではなかった。浙江財閥の製造工場からファーウェイにまで入り込んでいたのは、どうやらイスラエルの諜報機関モサドだった。

報道にもあるように、彼らはヒズボラの通信機器を爆破させたのだが、彼らは浙江財閥の存在や動向を注意深く探っていた。そのきっかけとなったのがソフトバンクによるモサド元長官のヘッドハントだ。

モサドの元長官が浙江財閥に引き抜かれたあとから、モサドのエージェントがトルコで35人も連続で逮捕され、モサドはソフトバンクの背後にいる浙江財閥が仲間ではなく敵側ではないかと察したのだ。そのため、モサドは浙江財閥のサプライチェーンに浸透して工場内でポケベルに爆発装置を仕掛け、ファーウェイ内部の情報を得て、ファーウェイのサーバー経由でヒズボラのポケベルを爆破したのだ。

モサドは中国の懐刀ファーウェイの工作を見抜いていたからこそ、彼らのサーバーを攻撃できたのだ。だからこそ、王毅外相は「イスラエルは通信設備を攻撃すべきではない」と、ポケベルなどの「通信機器」ではなく「通信設備」に対する攻撃を非難したわけだ。それはファーウェイの設備のことを指す。

中国にとってファーウェイや浙江財閥は世界支配のツールであるため攻撃はされたくない。

ところが彼らが得意とする通信デバイスや太陽光パネルは、今後もモサドからの攻撃で遠隔で爆破されてしまう可能性があるということだ。イスラエルは、通信機器や太陽光パネルを浙江財閥に依存することのリスクを、インテリジェンス・コミュニティに知らせているのも同然なのである。

世界を送電網でグルリとつなげば、電力不足の時にお互いに電力を融通して助け合えるので「グローバル・インターコネクション」はグリーンテクノロジーだと言われている。

しかし、冷静に考えてみよう。送電網拡大で国家予算が動けば、送電網製品で儲かるのは半導体製造、通信機器、太陽光パネル製造に強い浙江財閥だ。そして、浙江財閥は安倍元首相暗殺で話題となった旧統一教会や勝共連合と根っこの部分でつながっている。

日本政府は、浙江財閥の影響を色濃く受け、浙江財閥企業に1・2兆円の助成金を提供し、さらにはグローバル・スーパーグリッド利権を推進している。イスラエルは浙江財閥がキングメーカー気取りなのが気に入らないので、彼らの隠れ蓑である通信施設（ファーウェイの施設）を攻撃しているのだ。

ただし、脱炭素推進がいつまで続くかも不透明である。本書執筆中は大統領選の結果がでてないが、仮にトランプが勝てば「脱・脱炭素」の流れがアメリカから生まれるかもしれないのだ。

# 第5章

# 水素の時代へ

## 注目される水素

各国のエネルギー政策は政治の都合で翻弄されてきた。石油もガスもダメ、原発反対運動も盛ん、太陽光パネルも中国利権で批判され、その果てに、水素エネルギーへの期待が高まっている。ロシアのウクライナ侵攻から化石燃料の高騰、電気代の高騰という苦汁をなめた世界はいま、「脱炭素しばり」の新エネルギーとして水素に注目しているのだ。

水素の生産量は、2030年までに5倍にまで伸びる。水素が注目される理由は、水素が電気分解で取り出すことができるだけではなく、化石燃料や下水汚泥、廃プラスチック類など、多岐にわたるリソースから生み出すことができるからだ。さらに、熱エネルギーとして利用したり発電したとしても、$CO_2$を排出しない。つまり、脱炭素推進政策のなかで、ベストなエネルギー源であるためだ。

先進国は、資源豊かなBRICSやそれに追随するグローバルサウスに負けられないという観点から、ゲームのルールを変えるために、脱炭素を推進してきた。

先に述べたように、インフレがやってくると先進国は、グローバルサウスに代表されるような資源国に弱くなる。特に、化石燃料などの資源争奪戦になれば立場が弱くなる。そのため、「化石燃料の需要を減らすべきだ」として脱炭素を進めてきた。

さらに、欧州はこれまで目の敵にしてきた日本車の販売台数を減らすために、排出ガス規制というゲームチェンジを行い、「日本車いじめ」を始めたつもりだった。ところが、自分たちが始めた排ガス規制に引っかかったのは、自国企業だったというオチがやってきた。

その後、懲りない欧州は日本車潰しのために、中国と組んでEVを推進する。それに乗っかったのが、我が国の元総理が懇意にしていた脱炭素利権シンクタンクで、それに乗せられて、我が国最大の産業である自動車産業を潰す「ガソリン車の新車販売の全面禁止」政策を打ち出す流れとなった。

ところが、ロシアのウクライナ侵攻からその様相は変わってきた。英米が欧州に対して、制裁としてロシアの天然ガス輸入を止めるように圧力をかけたのだ。欧州の盟主である独仏のうち、フランスは原子力発電に依存しているので影響は小さい。

その一方で、ロシアからの天然ガスが入らなくなったドイツ経済は疲弊して、にっちもさっちもいかなくなった。このタイミングで、中国製の車載用リチウムイオン電池や太陽光パネルに自国経済が汚染されていることに気が付いたわけである。

ドイツは手のひらを返したように中国に対して、「太陽光パネルとEVでデフレを輸出している」と批判した。欧州は、ロシアの脅威から天然ガスに依存することもできず、中国に負けられないので、これ以上のEVの推進もしたくない。これまでゆっくりと進めてきた水素技術の開発を大幅に加速させる方向に舵を切り始めた。

2023年、ドイツは2030年までに10ギガワットの水素製造能力を目指して90億ユーロの予算を水素開発と国際連携に用意したと発表。アメリカも、水素製造コストを1ドルで1キログラム以下を目指し、クリーン電力に対する税額控除として、3690億ドルをエネルギー・気候変動分野に投じるとした。

一方、2023年時点での日本政府によるサプライチェーンへの官民による投資の金額は、15年間で15兆円を超える計画となっている。水素・アンモニアの製造および貯蔵への公的資金と民間資金を組み合わせた大規模な資金の動員を予定していて、2040年には水素の年間供給量を、現状の6倍の1200万トンまで拡大するつもりだ。

世界各国で大幅に水素の供給量が拡大されるのであれば、水素ステーション不足で需要が伸びなかった水素自動車にも、チャンスが巡ってくる可能性は高まってくる。

## 水素の種類と燃料電池

水素は、グレー水素、ブルー水素、グリーン水素と、製造方法によってその呼び名が変わってくる。天然ガスや石炭など化石燃料から製造されるグレー水素、化石燃料から出る$CO_2$を回収・再利用して生み出すブルー水素、再生可能エネルギーから生み出すグリーン水素の3つに分かれている。

グレー水素やブルー水素は化石燃料を燃やし、そこから出るメタンガスを改質して水素を作る水蒸気改質法が取られている。

さらに、水を電気分解して水素を作る方法もある。太陽光など再生可能エネルギーを利用して水を電解槽で電気分解すれば、$H_2O$が酸素（O）と水素（H）の気体として取り

燃料電池の基本的構造

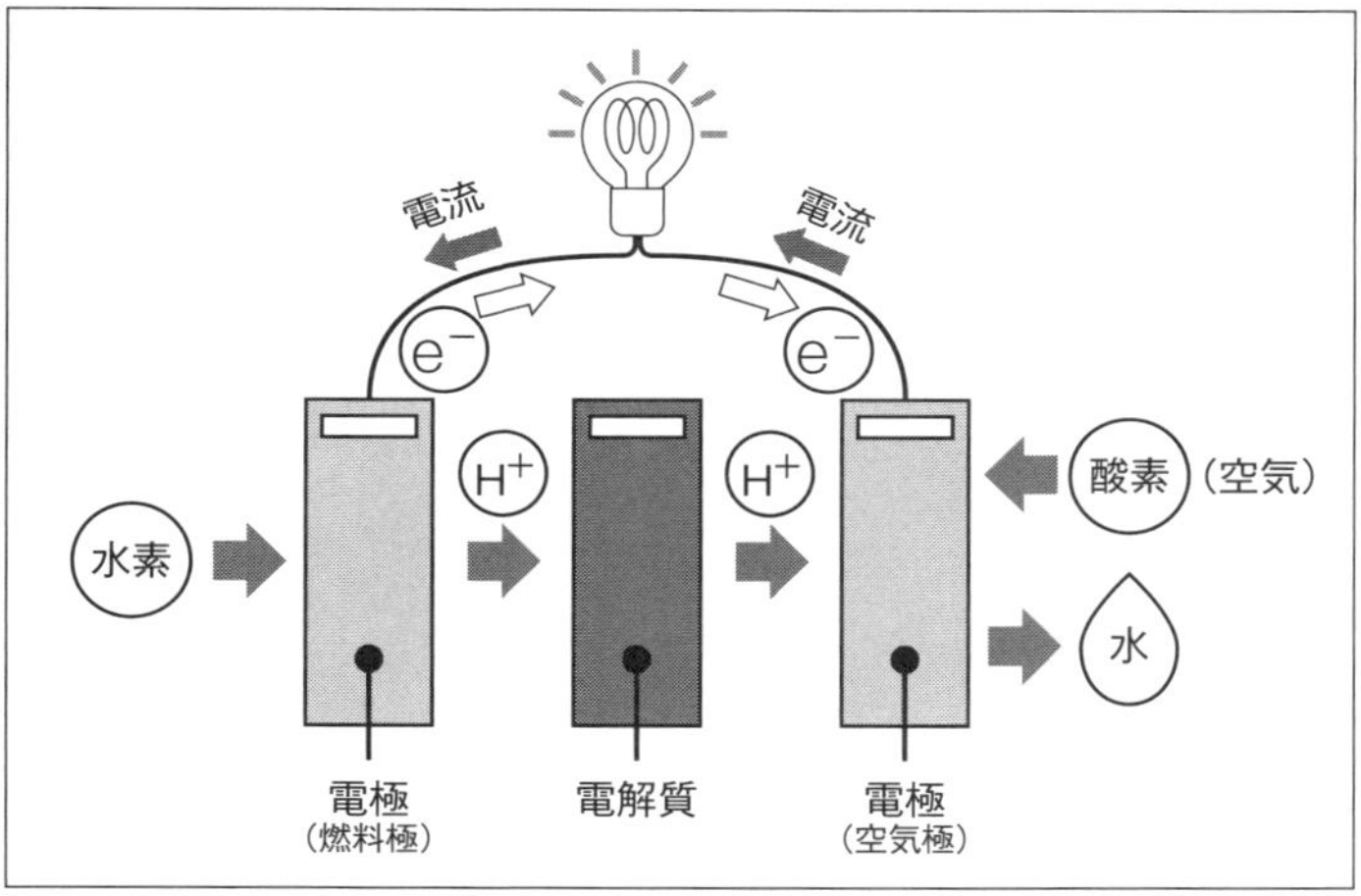


出せるわけである。

水素ができたら水素を用いた燃料電池を作ることができる。燃料電池の基本構造として、燃料の酸化還元反応を用いる。酸化とはある物質が電子を失うことであり、その多くは酸素が奪う。例えば鉄が錆びる時は、鉄の電子は酸素に移動している。

一方で、還元はある物質が電子を得ることで、酸化還元反応とは物質Aが電子を失う一方で物質Bが電子を得る反応である。

水素の燃料電池では、水素と酸素の酸化還元反応の原理を利用して、水素を電解質を使って水素イオンと電子に分離し、電極を通じて電子を流して反対側の電極から出てきた電子を水素と酸素が受け取り、結合して水となる原理を利用している。水素を燃料とすることによって、排出物が水のみという環境に優しい電池となる。

ただし、技術的な課題としては、用いられる触媒が高コストであるということ、水素貯蔵タンクの耐久性、そして水素供給サプライチェーンの課題が残っているために、現時点では普及はしていない。

なお、Fuel Cell は日本語では「燃料電池」と訳されている。ただ実は、この訳が正確ではないため、当初、困惑した。

燃料電池と呼ばれているので、てっきり「蓄電池」だと思っていたが、内部にエネルギーを貯めているわけではないので、果たして電池と呼ぶのが相応しいのかと、眉をひそめたのだ。

蓄電池とは、内部にエネルギーを蓄えて必要な時に電気に変換する装置だ。リチウムイオン電池のように化学反応によって電気を作る化学電池、太陽光や地熱などの物理エネルギーと電気エネルギーに変換する物理電池などがある。

燃料電池は、外部から燃料をセルへ供給して電気エネルギーへと変換するので、機能上は「発電機」だ。Fuel Cell の訳し方に工夫があれば、困惑しなかっただろう。昔は、太陽光発電も「太陽電池」と呼ばれていたので、燃料電池は本来なら燃料発電と呼ぶべきである。ただし、Cell にどういう訳をあてるべきかが難しい。

Electrolysis Cell の訳である「電解槽」や「電解セル」のように、「燃料槽」あるいは「燃料セル」と訳してもイメージが湧かないので、蓄電池を真似て「燃料電池」というイメージは湧きやすいが誤解を招く訳が生まれたのではないかと思う。

## アメリカ情報機関の裏側

さて、燃料電池の歴史を簡単に振り返ると、その歴史は意外と長いことがわかる。

1700年代後半にイタリアの医師・物理学者ルイージ・ガルヴァーニが、化学エネルギーが電気エネルギーへ変換する電解槽をガルヴァーニ電池として開発。それを物理学者アレッサンドロ・ボルタが、実験に用いた二種類の金属接触から生じさせた「ボルタ電池」を、1800年に発明する。

その研究を進めて燃料電池の原型となる「気体ボルタ電池」を発明したのが、イギリスの科学者ウィリアム・ロバート・グローブだった。

そこからしばらく燃料電池は商業化に向けての開発が難航する。水素は技術的に取り扱いが難しく触媒も高価だったため、民間の投資では実用化にまでは辿り着けなかった。

そして、第二次世界大戦頃から、旧ソビエトとの軍拡競争、宇宙開発競争の脅威に晒されたアメリカが宇宙船や潜水艦などの軍事用途のために燃料電池開発に予算を割り当てることになった。

特にＮＡＳＡが宇宙探査で燃料電池を採用したことや、１９７０年代のオイルショックや気候変動問題を背景に、水素を用いた燃料電池の開発は進展する。

いまでは、乗用車やバスなどの公共交通機関に向けた燃料電池の実用化が実現し、トヨタやホンダ、現代自動車などの燃料電池車が街を走るようになった。しかしもともとはアメリカ政府が軍事目的に開発したものである。

その燃料電池の実用化に莫大な費用をかけて、技術革新を起こしたのは、アメリカ最強の諜報機関ＮＲＯ（National Reconnaissance Office：アメリカ国家偵察局）である。

日本ではＣＩＡ最強伝説がまかり通っているが、アメリカには40を超える諜報機関があり、ＣＩＡだけが情報を牛耳っているわけではない。実行部隊としては、ＣＩＡや軍関係の情報機関、特殊部隊などが動くことはあるが、ブレインがＣＩＡということはない。ただし、ＣＩＡの職員が職権を濫用していろいろな悪さをしていることはある。

ＳＩＧＩＮＴ（シギント）という技術で情報を収集する情報機関はＮＳＡであり、チップ経由で情報操作などができるように、全ての半導体チップにはバックドアが付いている。ＡＭＤのチップにバグが出たというニュースがあるが、あれもバックドア経由で仕掛けられたものだ。

ちなみに中国はバックドアの存在をわかっているので米国製を回避して、自国でＣＰＵを製造したかった。しかし、それを妨害したのがファーウェイやＴＳＭＣという浙江財閥系の民間諜報機関である。彼らは、ＣＩＡに協力しているからだ。

では、ＣＩＡの全てが中国や浙江財閥に協力しているかというとそうではない。内部で割れている。どんな組織も一枚岩ではなく、内実は複雑だ。それは、元経産大臣が「深田萌絵を出禁にしろ」と言っても、情報提供に来る経産官僚もいれば、元経産大臣が決めた国策に真っ向から反対する経産官僚もいるのと同じで、一枚岩のわけがないのである。

とくにＣＩＡは命令ラインごとに縦割りに分かれており、お互いが何を行っているのかを知らないことも多い。アメリカの情報機関では、ＣＩＡに権力が集中していた時期があったのは事実である。軍の情報機関とＣＩＡの間で軋轢もあった。そのＣＩＡが暴走しないように、アメリカ国家情報長官（ＤＮＩ）が設置されたわけだ。

さて、このようなアメリカの情報機関と日本の情報機関の決定的な違いは何かというと、「技術開発を行っているか否か」である。日本の情報機関や捜査機関の職員は、文系が多く、技術がわからないので話をしていて頭が痛くなることがあるが、アメリカのそれはエキスパートが多いので感嘆してしまうほどだ。

ＤＡＲＰＡ（国防高等研究計画局）やＣＩＡのサイエンティストのレベルは、金がなくて視野が狭くなった日本の政府職員よりも平均的にかなり優れていると思う。ディープテックの開発には長い時間と莫大な金が必要なので、いまの日本に力がないのは、ある意味当然だと思う。

## なぜ、開発に力を入れたのがＮＲＯだったのか

そして、最先端の技術開発を行っているのがＮＲＯ（米国家偵察局）だ。その名の通り「偵察」を行う国家の諜報機関である。

偵察対象は、「宇宙からの脅威」という抽象的なものだが、要は宇宙人がいるかどうかを偵察するのが主たる仕事。ＣＩＡなどとは一味違う情報機関なのである。イメージでいうと、映画『メン・イン・ブラック』に出てくる、宇宙人の存在の秘密を守るための諜報機関「ＭＩＢ」のようなものだ。

ＮＲＯは、アメリカ政府内の四十数個ある情報機関のなかで最も特殊な存在で、その名を語ることも以前は憚られたほどだ。現在も、彼らの内部情報が共有されることは、インテリジェンス・コミュニティでもあまりない。

インテリジェンス・コミュニティとは、各国政府が設置する複数の情報機関が収集した情報を吸い上げて照らし合わせる機関だ。日本だと内閣情報会議で、アメリカだと国家情

報長官室が統括しており、そのトップはＤＮＩ（アメリカ国家情報長官）となる。

米インテリジェンス・コミュニティでＮＲＯが共有する情報は、あくまで国家の危機に関する情報だけであり、彼らがどのようなことを行っているのかの詳細までは共有されていない。

大統領ですら、ＮＲＯはその全貌がつかめない謎めいた組織だと言われている。

宇宙監視を実行しようとすると、技術開発が大変だ。宇宙は温度変化が激しいので、マイナス１５０度からプラス６００度くらいまでの温度差に耐えられる機械やコンピュータの開発を行わなければならない。

厄介なのが、宇宙線と呼ばれる宇宙を飛び交う高エネルギー放射線だ。宇宙線には、陽子やアルファ粒子などが含まれており、半導体デバイス上にある電子にぶつかると、電子が移動してデータが壊れる「ソフトエラー」と呼ばれる現象が起こる。あるいは、半導体デバイスそのものに損傷を与える「ハードエラー」の原因ともなっている。

こういった半導体の弱点を利用して、ミサイルに搭載されたコンピュータを破壊する迎撃ミサイルに弱い放射線が搭載されている。飛んでくるミサイルを正面から真剣白刃取りのように迎撃できなくても、弱い放射線を敵ミサイルに浴びせかけることで半導体チップにエラーを起こさせることができる。

そのため、ロシアは現代でも宇宙航空技術にはいまだに放射線の影響を受けにくい真空管を用いている兵器もある。ロシアのウクライナ侵攻以降、メディアは「ロシアの技術は古いからいまだに真空管を使っている」と揶揄しているが、最先端半導体ではなく真空管を用いるのは彼らなりの合理的な理由が存在するわけだ。

宇宙空間においては、強い放射線が降り注ぐ。さらに、太陽が当たる時とそうでない時では大きすぎる温度差が発生する。そういった環境では、化学電池、原子力電池、太陽電池は使えなくなるリスクが高くなるのだ。

そのため、ＮＲＯは宇宙で使う電池を開発する必要があった。そこで利用されたのが水素である。水素燃料を利用して発電すると水が発生するので、それがペイロード（積載量）に限りのある宇宙船内の飲料水としても利用できることが評価された。

水素を用いた燃料電池が最初に使われたのは１９６５年のジェミニ計画である。ゼロエミッションなうえに水しか排出しない水素燃料発電機を搭載したジェミニ宇宙船の技術力に世界は驚いたのだ。

驚くのは当然だ。彼らが開発する技術は、宇宙を前提とされたものだからだけでなく、インテリジェンス・コミュニティにすら共有されていないものだったからだ。

## アメリカの新技術開発の構造とは

先に少し触れたが、アメリカでは数多くの情報機関がそれぞれの技術開発に力を入れている。そういった技術はClassified Technology（機密技術）と分類されて、なかなか民間でお目にかかることはない。

ところが、それが民間に降りてくる時には、技術が進んでいるので、爆発的に伸びるビジネスになることが多い。

アメリカは規制が多いものの、政府がビジネスに関わることがほとんどないので、機密技術を民間に公開する時には起業家にその利権を渡すことになる。そして、それは、おおよそ人間関係で決まる。

パターンとしては、そういった技術を降ろしてもらう側は、若い20代のアメリカ人をCEOに立てて、華々しく上場させて大金持ちになる。マネーゲームも同時に仕掛けていくのだ。

そのスキームがシリコンバレーに変化をもたらした。もともと初期投資が重たく軍事とつながる半導体産業で栄えたシリコンバレーが、若いハッカー気質の起業家でも成功できる町、というブランドイメージへと変貌を遂げたのだ。

しかしながら、「ちょっとしたアイディアで当てて、一夜にして大金持ちになれるから、シリコンバレーで起業したい」という考えは、アメリカのプロパガンダ戦略によって世界中の若者が騙されてしまった幻想でしかない。

GAFAのようなテック企業では、ソフトウェア技術以上に、インフラの知識、電気料金の交渉力、ハードウェア技術を必要とする。数年ほどソフトウェアを勉強しただけで、金もコネもない人間には、全くチャンスのない分野なのだ。そういった分野でイメージに踊らされた素人起業家は、勝ち組が公開するAPIにつなぐアプリ開発でコバンザメビジネスをするのが関の山だ。

ほとんどが、アップルストアやグーグルプレイなどのアプリを売ってGAFAに高い手数料を取られるカモになるのがオチだ。

それでは、ディープテックと呼ばれる分野の技術開発に、なぜ、国家が関わってくるのか。

最先端技術開発は投資から回収まで数十年を要することが多く、民間企業では回収が容易ではないためだ。そのため、アメリカの最先端技術開発の多くは、国家の機関であるDARPAやNROで開発され、そこから民間に利権として渡されていくのだ。

インターネット、Eメール、クレジットカード、ソーシャルメディアなどの多くの基礎技術がアメリカの機関で開発された。

ただし、技術開発とビジネスで大金持ちになれる「アメリカンドリーム」で、世界から高知能人材を集めていきたいアメリカ政府は、こういった技術の基礎がDARPAやNROから出てきたとは誇示しない。民間企業のみの努力で成功したかのように装い続け、アメリカンドリームという幻想を売り世界中からカモを集めるポンジスキームなのだ。

## 水素自動車の課題とは

さて、話を「水素を用いた燃料電池」のことに戻そう。

水素とは、空気1に対して比重0・07と密度の小さい分子のことである。密度が小さいということは体積が大きくなる。それをタンクで貯蔵するには高い圧力をかけて封じなければならないため、35MPa（5000Psi）から70MPa（1万Psi）の圧力で圧縮してタンクに詰め込むことになる。

そのために発生する課題がいくつかある。

第一に高圧にするために水素ステーションが高コストになる。水素圧縮機、蓄圧器、冷媒製造設備、充填設備に工事費を加えると一カ所あたり、おおよそ4億円以上かかる。

第二に、水素は浸食性が高いため、特殊な素材を用いなければならない。水素浸食、水素脆化《ぜいか》という金属を脆くする現象が生じる。

水素浸食では、高温高圧環境で鋼に侵入した水素原子が、炭化物と化学反応を起こしてメタンガスを発生させる。そして脱炭と呼ばれる現象が鋼を脆くするので、それを防止するために水素と反応しにくい元素を添加せねばならない。

もう一つの水素脆化とは、水素が金属に何らかの影響を与え、ガラスのように砕け散る現象が起こることだ。それを防ぐには、ベーキングと呼ばれる加熱処理を行う。水素を貯蔵するために、特殊な金属を用いた貯蔵タンクを必要とするので、コストが高くなるのだ。

第三に、触媒が高くつく。水素と酸素が燃料電池を経由すると電子と水になる。ところが、その触媒はプラチナなどの高価な素材を要求する。そして、酸素と水が出るために燃料電池の酸化が進んで劣化しやすいというデメリットがある。

第四に輸送コスト。水素は、ガソリンと同じ量を運ぶのに、高圧で圧縮し、特別なタンクで輸送するために輸送コストまで高い。

こういった複合的な要因で、水素ステーションの普及にはコスト削減に向けた技術革新を必要とするために、まだまだ時間がかかると言われている。

ただし、$CO_2$排出制限という国際的なしばりを受けたなかで、$CO_2$を出さずに車を走らせようとするならば、火力発電の電気で走るＥＶと比較すれば、水素で走る燃料電池車のほうが環境に優しいので、チャンスはあるのだ。

## 愛されるか否か、それが問題だ

ＥＶから水素自動車の時代に移行するに際して、果たして水素が次世代のエネルギーとして台頭できるかは、愛にかかっている。

——To be, or not to be. That is the question.

（のるか、否か。それが問題だ。／シェイクスピアより）

水素がドライバーから愛されるか否か、それが問題なのだ。

愛されるには何が必要だろう？

それは水素がエネルギー源として普及するかどうかにかかっている。水素が簡単に追加できるかどうか、ＥＶが普及しきらないのは、充電ステーションが十分ではないからだ。ガソリン車はガソリンスタンドという給油拠点が普及したから広まった。それは歴史が証明している。

メディアはガソリン車を「古い技術」、電気自動車を「新しい技術」として宣伝しているが、それはとんでもない勘違いである。

歴史を遡ると電気自動車の始まりはガソリン車よりも先の1830年代、電気自動車販売が始まったのは1891年とガソリン車完成より5年も前だ。そこで起こったのは「エネルギー利権の闘いに自動車が利用された」ということだ。

交流VS直流でニコラ・テスラと闘ったトーマス・エジソンも、電力利権拡大のために電気自動車の開発を行い、技術的な貢献をした。

1900年頃のアメリカでは4割が蒸気機関自動車、4割弱が電気自動車、2割がガソリン車だった。それを覆したのがヘンリー・フォードだ。彼はもともと、ニコラ・テスラのウェスチングハウスで蒸気機関の修理工として働き、その後、エジソンの下で内燃機関の研究を重ねる。

独立して、内燃機関のガソリン車を開発し、市場を席巻したのがT型フォードだ。走行距離を大幅に伸ばすことで人気を博したのだが、もう一つの理由は「低価格」を実現したことだ。

フォードシステムと呼ばれる流れ作業をストップウォッチで管理を行い低価格帯を実現し、まさに、フォードで働く労働者でも買える「大衆車」としてアメリカ全土をガソリン車で埋め尽くす流れを生み出した。

最後に、電気自動車とガソリン車の勝敗を分けたものは、ガソリン車があっという間に「エネルギーサプライチェーン」を生み出したことだ。

フォード車がアメリカを席巻し、鉄道が廃れて、国道沿いにレストランや喫茶店などの休憩所、ガソリンが缶入りで販売される小売店などができた。そのうち、石油会社が国道沿いにガソリンスタンドを開業し、１９２９年には14万軒を超えるガソリンスタンド（現在は約19・6万軒）がアメリカ全土にできあがった。

石油会社とタッグを組んだ政治家の存在がオイル利権を追求したからこそ、それだけの速度でガソリンスタンドは普及したのである。その結果、ガソリン車は、燃料切れで困るという懸念から解放された。

その一方で、当時のアメリカでは、電気自動車を普及させるには、バッテリー技術が成熟しておらず走行距離が十分ではなかったため、徐々に姿を消していった。

もちろん当時も、送電網利権という巨大な利権が背景にはあったが、電力利権のパワーだけで推し進めようとしても、自動車自体の技術的未熟さで普及は叶わなかったのだ。

自動車の普及には、権力者からだけでなく、ドライバーから愛されることも必要だ。

現在のアメリカに、電気自動車の充電ステーションは約5万カ所、日本は約2万カ所と、その数はガソリンスタンドに及ばない。

EVは政治家に愛され、政治家のタニマチが経営する充電ステーション会社にも政治の金が流れたが、充電ステーションは都市に集中しており、長距離移動を要する田舎ほど数は少ないので普及するに至ってない。そもそも、日本は東日本大震災の原発事故以降、東日本ではほとんど、原発の稼働を止めているため電気が足りないのだ。

一方、アメリカもガソリン車を禁止するには、50万カ所近い充電ステーションが必要となるが、それも普及は進んでいない。電気自動車はまだ技術的な課題が解消されていないために、メディアや政治がどれだけ必死に「電気自動車を使え」と煽っても、自動車で長距離を移動するドライバーの愛を得られない、という課題を抱えている。政治家の愛だけでは足りないのだ。

自動車には常に、燃料やエネルギーを供給するサプライチェーンをどうするかという課題が付きまとう。ＥＶは走行距離がガソリン車ほど長くないので、充電ステーションがガソリンスタンド以上の数が必要となる。そのため、中国では高速道路のインフラに無線送電システムを設置して、走っているＥＶに直接無線給電できるシステムを車路協同計画の一環としているほどだ。

いずれにせよ新時代のエネルギーとして期待されている水素自動車にも、水素ステーションがどれだけ普及するかというのがポイントとなってくる。２０２４年時点で全国に１５７カ所というのは、水素自動車を今後普及させるにはあまりにも乏しい。

## エコビジネスの厳しい現実

自動車ビジネスは幻想が広がっている。「脱炭素」推進により、ガソリン車をやめて新エネルギー自動車を売れば企業は国から補助金がもらえ、個人も電気自動車を買えば補助金で安くなる。

一見、こんな夢のような話だが、現実は厳しい。まずは、自動車産業に従事する人たちの心から情熱が消えてしまったことだ。これは、30年間の家電産業でも同じようなことが起こった。

家電産業はエレクトロニクス技術であり、その中心は半導体とソフトウェアだ。1986年の日米半導体協定で日本は半導体の国内製造を諦め、政治家が国内企業に技術を近隣諸国へ移転するように推奨し、半導体技術が流出した。

半導体がコピーされ始めると、安価な類似商品が中国や韓国から大量に出回るようになり、日本製品は売れなくなっていった。製品が売れなくなった日本企業が開発費を削減すると、エンジニアは面白い仕事が減ったと嘆くようになり、給料までも下げられてローンが払えなくなった。

そうなると、技術者たちは週末に韓国や台湾に技術指導のバイトに出稼ぎに出て、当初は古い技術を移転していたのが技術的に追いつかれると、より高い技術の移転を要求されるようになった。最終的には、日本企業から最先端技術までもが東アジア諸国に流出し、日本企業はＲ＆Ｄ投資を回収できなくなり、エレクトロニクス産業から半導体産業まで衰退した。

そこまでくるとネガティブスパイラルだ。開発予算はさらに削られ、エレクトロニクス企業はほとんど予算がないなかで、新規開発を迫られるようになった。好きな開発に予算がつかないとなると、エンジニアは仕事に対する情熱を失っていく。

さらにひどいことに、大企業は開発予算削減で中小企業から技術を盗むようになる。中小企業は新技術を開発しても、採用してもらえるどころか盗まれるだけなので、売上に結びつかずに産業全体が衰退するようになった。

それと同じことが自動車産業でも始まりつつある。内燃機関車からＥＶを推進するようになり、似たような状況となっている。

そもそも、内燃機関車は部品点数も多いうえに、メカニカルな機構の素材技術や部材設計の技術を盗むのが難しく、それが日本の競争力となったが、ＥＶは半導体やソフトウェア技術を多用するので、コピーするのが簡単になった。

その結果として、中国は日本企業からＥＶのバッテリー技術を移転してもらい、台湾企業から製造した半導体を買えば、「世界の電気自動車工場になる」という野望を果たせるようになったのだ。

最近では、自動車メーカーのエンジニアから、「仕事が面白くなくなった」という声を頻繁に聞くようになった。

以前の自動車は大人にとってのオモチャで、カッコいい車に乗るために壊れた車を安く買ってきて、自分で修理して乗るという楽しみがあった。板金を叩いて凹みを直し、塗装を変え、エンジンやラジエーターまでも自分たちで修理した。そうやって自動車を触るのが趣味だった少年が、自然と自動車関連の仕事に従事するようになっていった。

ところが、いまの時代のクルマはどうだ？　もはや、クルマを板金で直すことはできない時代となった。クルマのあらゆる場所にセンサーが設置され、板金すれば不具合の原因となるためだ。

クルマいじりが大好きな少年だった整備工たちも、半導体だらけとなった自動車を前には無力だ。いまの自動車は、ドアが凹めば外装をまるごと取り替え、不具合があれば基板ごとチップを交換する時代となった。これが、クルマいじりが好きで自動車関連の仕事に就いた人たちの心から「仕事に対する情熱」を奪っている状態だ。

エコビジネスの現実のもう一点は、EVがエコであるというのは、科学的には正しいとはいえないという点が挙げられる。最近、自動車メーカーは政治団体になったかのように、政治的プロパガンダばかりを流している。科学や技術について学んできた人たちがマトモな自動車を設計しようと情熱を燃やすと、それが政治的に引っかかってしまう。

それ以上に、ウソの「エコ」が政治的にまかり通るのが現実だ。「化石燃料を燃やすのは環境に悪い」とガソリン車を叩きながら、天然ガスや石炭を燃やして生み出した電気でEVを充電する矛盾をエンジニアはいやいや受け入れている。

その充電池に利用されているリチウムイオン電池は、環境に悪影響を及ぼす。エンジニアはそれを理解しているが、その事実に触れることさえ許されない。

EVは数年で価値がなくなる。それは、スマホのように3年、4年と使っているうちにバッテリーが劣化して充電しても電池が持たなくなるからだ。中古市場でEVの価格の下がり方は、ガソリン車のそれと比べるとひどいどころか、売り物にならないレベルまで地に落ちる。

中国には、多くのＥＶの墓場と呼ばれる場所が発生しているが、それは工場やディーラーが売れない新車を放置していたり、ライドシェアサービスを始めた会社が資金繰りに詰まって倒産してしまってＥＶを置き去りにしているためだ。

ＥＶを仕入れた企業側は、値段が付かないので在庫を処分することもできず、「無料であげる」と言っても貰い手もおらず、かといってＥＶの廃棄にかかる莫大な費用を賄うこともできずに、放置する以外に手段はないのだ。

仮に、これが普通のハイブリッド車やガソリン車なら、持って帰る人が殺到するだろうが、ノンブランドのＥＶをもらいたいという人は少ない。あと、数年もすれば、行き場を失った車載リチウムイオン電池や太陽光パネルの残骸が山となり、それらが土壌を汚染し、私たちはこれを「政治的廃棄物」と呼ぶ日が来るだろう。

それが露呈したとき、このエコビジネスを続けられるかは疑問だ。

## チェンジ＆チャレンジ

これまで述べてきたように、脱炭素イデオロギーは、中国がエネルギー立国として勝利するためのプロパガンダだ。世界の電気自動車製造国となるために中国が流した「ＥＶはエコ」というウソとともに世界中の政治家から愛された。そして繰り返しになるが、ＥＶはエコ以前に「中国しか儲からない」という現実が露呈し、欧州の政治家からは見放されつつある。

自動車が普及するにはドライバーからの愛が必要だ。ＥＶは政治家の愛を得た利権屋が一時的に肥え太ることには貢献したが、ドライバーからの愛は得られなかった。最大の要因は走行距離が十分でないことだ。

現状では、移動範囲内に充電ステーションがあるとは限らない。電池切れで停まるリスクを考えると、ドライバーはＥＶを選択しづらい。現実を無視したプロパガンダはいつしか綻びが現れるものだが、今回もそうなりつつあるのではないか。

それでは水素自動車はどうか。

水素ステーションはＥＶ用の充電ステーション以上に普及が難しいだろうと見られているが、その中心にある課題は「水素を充填するための高圧力タンクは危険性が高い」という点だ。２０２４年現在、日本には水素ステーションが１５７カ所、アメリカ全土で60カ所弱、カナダでは1カ所だ。ＥＶと違って、政治家からの愛は十分ではないようだ。

それにもかかわらず、トヨタ・ＭＩＲＡＩや現代自動車・ＮＥＸＯのような水素自動車は、そのゼロエミッションの有望性から、消費者からも自動車メーカーからも期待を集めている。では、何が水素自動車の足かせになっているのだろうか？

簡単に言えば、鶏と卵の関係性の問題である。水素ステーションがなければ消費者は水素自動車を買わないし、水素自動車がなければ、投資家は水素ステーションを建設しない。それを解決する技術として、自ら燃料を供給する水素自動車技術「クローズドループシステム」の燃料電池技術開発が始まっている。

これは、水素を自ら生成する次世代型プラグイン水素自動車だ。この技術は、燃料補給ステーションに供給される水素ガスに頼る代わりに、標準的な電気自動車の充電ステーションや車載の太陽光パネルからの電力を利用して、蒸留水から水素を生成するシステムに電力を供給するものだ。

電気自動車と同じように充電すると、大きくて重いリチウムイオン電池に充電する代わ

クローズドループシステム

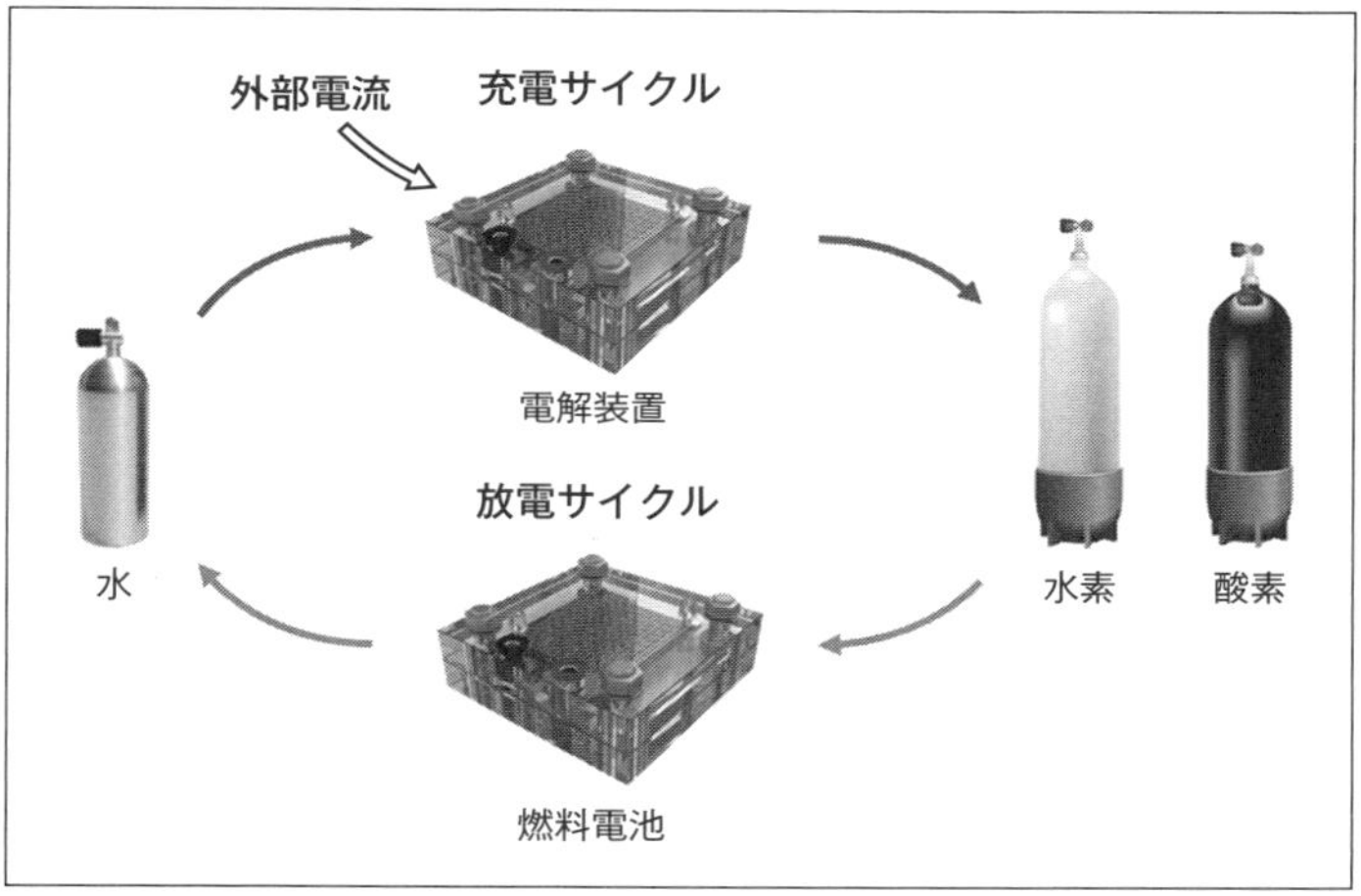


りに、蒸留水が電気分解されて、自動車の燃料となる水素を生成するのだ。全国にある既存の電気自動車（ＥＶ）充電ステーションを活用することができる。

今後このシステムの課題は、発電効率を上げるための触媒技術を開発できるかどうか、というところにある。

なお、「クローズドループシステム」は、アメリカ連邦通信委員会（ＦＣＣ）のＴＡＣメンバーであるビジュアルリンク社がテクリウム社と開発中の技術である。同社のマーク氏と、弊社のＣＴＯが、次世代型通信に用いるＨＡＰＳ（高高度プラットフォーム）の開発中、動力に水素を使って電解槽と燃料電池

試作のクローズドループ水素エンジンを搭載したオモチャの自動車

を組み合わせて作り始めた。

そこから、「自動車にも使えるかもしれない」とエンジニアから提案があったのだが、筆者が「自動車メーカーから予算が付いたわけでもないのに。いまそこまで作る資金は厳しい」と躊躇した。

これまで弊社は、日本の自動車メーカーの自動運転車向けのソリューション開発に参加させていただいたが、自動車メーカーが試作車を作ると億単位のお金が飛んでいくのを、目の当たりにしてきた。メーカーから予算をもらうならまだしも、自社の開発費用でクルマまでは手が出ない。

そこで、開発大好きなエンジニアたちとの

話し合いを経て、試作のクローズドループ水素エンジンを、オモチャの自動車やゴルフカートに搭載して試運転することで、妥協してもらった。最終的に「やっぱり現物のクルマでもテストをしたい」というので、結局クルマを一台買わされるハメになり、「（財布の）痛みを伴う開発」に挑むことになりそうだ。

日本の大企業のエンジニアは、一つの開発を始めると、完成するまで他の開発には携わらせてもらえないが、アメリカではそのあたりは、自由に楽しんで開発ができる。そうやってとらわれない姿勢には学ぶものがある。

このようなクローズドループ水素システムを開発しているのは、アメリカだけでない。ドイツのＢＭＷもまた、同様のソリューションとして、リチウムイオン電池と水素燃料電池の両方を搭載した水素プラグイン・ハイブリッドも開発している。同社のデュアル・テクノロジー・アプローチは、より長い走行距離のオプションと、バッテリー駆動と水素燃料の切り替え機能を持ち、ドライバーにさらなる柔軟性を提供している。

こういった動きが、従来、高額で普及が進まないと思われていた水素自動車の普及に必要な機運を高める一助になると考えている。

ドライバーにとっては、充電ステーションで電気分解の水素を生み出すか、水素ポンプで水素を供給するかを選択できるようになる日が近い。利便性と長期的な持続可能性が組み合わさることで、長い間手の届かなかった水素自動車がついに実現するかもしれない。

水素革命はまだ始まったばかりなのだ。

## 政府は間違ったことがない?

腐敗国家においては、産業発展、企業成長に政治家からの愛は欠かせない。政治家から見放された個人事業農家は見捨てられ、減反政策の果てに日本はコメ不足に陥った。一方で、産業のコメと呼ばれる日本の半導体産業は政治主導で衰退し、数兆円単位で政治家のお友達企業に税金が注がれて外資ばかりが繁栄している。

自動車産業は、どうか。先に述べたように、トヨタの元社長は会見で涙した。ガソリン車禁止は、政治家による日本車への死刑宣告であるためだ。政治家は産業よりも気候変動プロパガンダで起こった「電気自動車利権」という愛を選んだ。当初はハイブリッドは入らない、完全電動自動車のみが政府のいう電気自動車だったためだ。

ただし、政治家の愛は男女のそれのように目まぐるしく移り変わる。

欧州が中国のＥＶのペテンに気が付き、ハイブリッドから水素自動車も推進するというマルチパスウェイを選び、世界もトヨタのハイブリッドの性能を再評価した。トヨタは中国が欧米から嫌われたので諸外国からの愛を取り戻せたが、まだ祖国の政治家からの愛は取り戻せていない。

中国は車路共同プロジェクトで、中央集権型自動運転を成功させせつつある。中国はＥＶに搭載されたリチウムイオン電池の問題を隠し通し、国民はその危険性を知ることもないので反対する国民は少ない。そして、道路側に大量にインストールされた５Ｇ通信とセンサーで車を制御できるスマートシティ試験が成功した暁には、それを中国全土に展開しようとしている。自分たちの移動から会話まで自動運転車に収集され政府に管理されることの自覚がない一般国民は、普通のドライバーによるタクシーよりも三割安いと大歓迎だ。

ただし、そこにはハードルが残る。道路側に通信機器やセンサーを埋め込むには、莫大な費用が必要で、中国は予算の関係で５Ｇ通信基地局すらまだ都市部にしか設置されて普及が進んでいない。それすら電気代節約のために、たびたび電源を切られているらしい。お金さえあれば、中国全土に普及させることができるだろうが、そうなると数兆元の予算では足りず、不良債権問題を抱える中国にとっても難しいだろう。中国の狙いは、自動運転がうまくいくスマートシティと自動運転ＥＶ車をセットにして世界へ売り出すことだ。その為のモデルケースとして、北京や杭州の一部を自動運転モデル都市として世界に宣伝しているのである。

日本でも、中国のＥＶや自動運転を絶賛する向きがあるが、中国の自動運転を導入するのは兆単位の莫大な投資を必要とする。利権で儲かる一部の政治家がこれ以上、中国製ＥＶや自動運転推進で懐を肥やそうにも、金利上昇で国債費用（償還費と利払い費）が国家予算を圧迫しつつあるので、中国のような中央集権型自動運転を全国で導入するのは現実的に厳しいだろう。

愛する祖国は「ガソリン車の新車販売ゼロ」と掲げた旗を下ろすことができない。それは政府官僚は間違いを認めると国民から批判されるので『無謬性』への異常な執着を見せている。それどころか『政府の無謬性』の原則を守りぬくために、「ガソリン車の新車販売ゼロは環境から日本経済までを破壊する」と正直に語ることすらできないのだ。

いま、頭のいいエリート官僚が考えていることは、「マルチパスウェイ戦略」とカタカナで響きの良い名前を冠して、狭義から広義の電気自動車に解釈を変えて政府戦略がうまく進んでいるように見せることだ。政府は「ガソリン車の新車販売ゼロ」に対する国民的批判を交わすために、用語の意味を少しずつ変えて説明して着地するという平和的手段を得るだろう。

バッテリー電動自動車のみを視野に入れていたところから、ハイブリッドも良しとしよう、そしてプラグイン燃料電池車もＥＶの仲間と認識しようという形で、自分たちの政策が華々しく成功しているかのように見せかける準備を万端に進めている。

ガソリン車新車販売禁止までカウントダウンが始まるなかで、ＥＶの普及は進んでいない。充電ステーションが足りなければ、全ての新車がＥＶのみとなると電気が足りないなどの問題がまだまだ山積みだからだ。

私たちには、無数の選択肢がある。

ＥＶのみの未来を選択して電力不足とともに自滅するか、技術革新に挑戦してドライバーの愛を得るか、世論に問いかけることでガソリン車禁止を覆すか。

あるいは、全ての可能性に挑戦するか。

To be, or not to be.
That is the question.

# おわりに――未来は無限の可能性を秘める

数年前、トヨタ自動車の自動運転開発の仕事でリアルタイムワイヤレスビデオのシステムを組んでいた。その時に、トヨタの底力を見た。どんな技術が政治的に前面に押し出されても対応できるように、ありとあらゆるソフトウェア、ハードウェアを使ったソリューション開発に腐心している姿をこの目で見た。

最高級のセンサーを何台も積んだ試作車は材料費だけで何千万円、下手したら億を超えるだろうというくらいのものもあった。

普段のトヨタの経営は、コスト削減でつつましい。ただし、どんな未来がやってきても生き残れるように、研究開発費は惜しまないという姿勢に、圧倒されたのだ。あの時のトヨタの姿を見ると、メディアがどんなに「トヨタは技術が遅れているからEVを出せない」と報じても、「そんな彼らの見方は間違っている」という考えに、自信を持てたのだ。

そして、トヨタは堂々とEVを投入した。

いまの時代を生き抜くには、マルチパスウェイだ。

いまの時代、何か一つにしがみつかず、多様なスキルを磨いて生き延びなければならない。

それは、個人の人生に当てはめてみてもそうではないか。

非正規労働者として手取り12万5000円だった20歳の頃、自分のような人間は、死ぬ気で会社にしがみつかなければ生きていけないという自覚があった。最低賃金しかもらえない身分がチャンスの塊だと楽観したのは、どんなに失敗しても、非正規の低収入は社会の底で、それより転落しようがないからだ。

自分はそれでも暮らしていけるし、リスクの底は確定しているのだから、好きなだけ挑戦したほうが得だと踏んだのだ。副業を始め、それを元手に投資を行い、ブログに投資日記を綴っているうちにそれが仕事になり、ファンドのインターンを経て、外資の金融機関に入ることになった。

そして、33歳でIT起業をしたまではいいが、中国の巨大企業に設計を盗まれて、会社を清算するところまで追い込まれた。再起を図るために、設計のライセンス事業からハードウェア事業に業態転換して出直した。

その一方で、この社会の理不尽、中国企業の横暴を世に訴えなければと思い、ブロガーだった時代の経験を活かして、中国スパイ企業の告発本を書き上げた。

出版日に起こったことは、大手電子商社の社長が社員に向かって筆者の会社との取引を全面的に禁止するという通達だった。部品が入らなければ、ハードウェア会社は売り物が作れなくなる。プロパガンダや企業のウソに反抗すると、我々のような中小企業はひとたまりもないほど、潰しを掛けられる。

ただし、そんなことで諦める自分ではない。

敵がその気ならと、我々はコンサルティングとソフトウェア設計に業態を転換して電子商社を介することなくビジネスを再開し、筆者はＴＳＭＣなどの似非台湾企業が日本のビジネスを支配していることに警鐘を鳴らす活動に注力した。

ところが、それも政治家の利権だったようで、政治言論界から干されることになり、今度は筆者の言論を潰されないように、独自にＹｏｕＴｕｂｅチャンネルを開設する。

ＩＴ事業のほうは日本の政治家からとことん圧力をかけられたため、ワシントンＤＣに渡り、日本の排他的な現状について相談して回った。そのなかで知り合ったアメリカ連邦通信委員会のＴＡＣメンバーと、次世代通信用のＨＡＰＳ（高高度プラットフォーム）開発を始める。そのＨＡＰＳのエンジンに用いられたのが水素だった。

こうやって転々と業態を変える弊社は、業界では「節操がない」とお叱りを頂いたり、「生命力がスゴイ」と感動されたり、賛否両論のなか、生き延びている。

チップ開発も、ライセンスも、ハードウェアもコンサルもソフトウェア開発から水素自動車の試作品開発まで、ありとあらゆることを少人数のコアメンバーと外注の仲間たちでこなしてきた。そして、常日頃からＥＶ技術の未熟さに警鐘を鳴らしてきた筆者だが、電動モビリティ専門職大学から客員教授として迎えられた。

筆者自身は、調査や執筆など狭い範囲の仕事に自分をしばりがちだが、発想が豊かなエンジニアから、人生には無数の選択肢と無限大の未来が広がっていることを、学ばせてもらっている。

昨今の時代には、「もうなす術がない」と、ちょっとした行き止まりにぶつかったことを嘆く人も多い。そんな時には瞼を閉じて、心のドアを開けば、いままでには見えなかった星の数ほどの選択肢と太陽のような未来が見えてくるはずだ。

人生で学んだ全て、得た知識総動員で道を切り拓こう。挑戦しなければわからないし、失敗ほど面白いものはない。

たどり着くまで進み続けよう。

それが私たちのマルチパスウェイ。

令和6年11月1日

国連での演説を終えて　深田萌絵

〔著者略歴〕
深田萌絵（ふかだ・もえ）
ＩＴビジネスアナリスト。Revatron 株式会社代表取締役社長。電動モビリティ専門職大学客員教授。早稲田大学政治経済学部卒。学生時代にファンドで財務分析のインターン、リサーチハウスの株式アナリスト、外資投資銀行勤務の後にリーマンショックで倒産危機に見舞われた企業の民事再生業務に携わった。現在はコンピュータ設計、チップ・ソリューション、ＡＩ高速処理設計を国内の大手企業に提供している。著書に『ソーシャルメディアと経済戦争』（扶桑社新書)、『ＩＴ戦争の支配者たち』( 清談社 Publico)、『光と影の TSMC 誘致』『NTT 法廃止で日本は滅ぶ』『身分社会』〈森永卓郎氏との共著〉（以上、かや書房）などがある。

EVの終焉とエネルギー利権の戦い

2024年 12 月 1 日　第 1 版発行
2025年 7 月 1 日　第 2 版発行

著　者　深田萌絵
発行人　唐津 隆
発行所　株式会社ビジネス社
〒162-0805　東京都新宿区矢来町114番地　神楽坂高橋ビル５階
電 話　03(5227)1602（代表）
FAX　03(5227)1603
https://www.business-sha.co.jp

印刷・製本　株式会社光邦
カバーデザイン　齋藤 稔（株式会社ジーラム）
編集協力　入江 一
本文組版　有限会社 メディアネット
営業担当　山口健志
編集担当　中澤直樹


ISBN978-4-8284-2654-9

# 『ジャパンズ・ホロコースト』解体新書

## 日本を貶めるグローバル・ユダヤ団体との歴史戦

大高未貴……著

定価　1980円（税込）
ISBN978-4-8284-2655-6

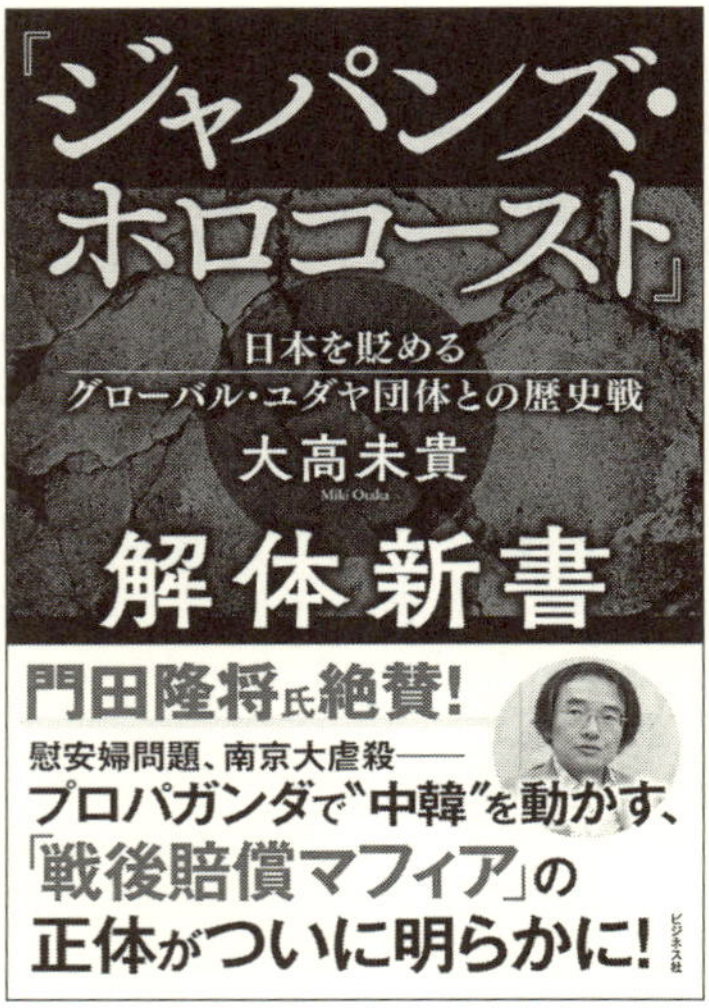


門田隆将氏絶賛！
慰安婦問題、南京大虐殺――
プロパガンダで〝中韓〟を動かす、「戦後賠償マフィア」の正体がついに明らかに！
イスラエルとパレスチナの問題が激化する中、なぜ日本を悪者にするのか？

本書の内容

南京事件プロパガンダとアメリカ人宣教師／英国貴族ラッセル卿の正体／アカデミック権威に浸透する反日プロパガンダ／今こそ日本は「原爆投下は国際法違反の戦争犯罪だ」と宣言せよ／封印された歴史。旧日本軍が救ったユダヤ人たち

## ビジネス社の本

# 東大教授には書けない！「腹黒い」近現代史

渡辺惣樹／福井義高……著

定価　2310円（税込）
ISBN978-4-8284-2650-1

**幕末維新から大恐慌までの70年――**
**英・米・ソ連のズル賢さに、翻弄された日本。**
**第一次大戦で〝運命〟が大きく変わった！**
**「五大国」の一つに祭り上げられ、**
**警戒・敵視された悲劇。**

**本書の内容**

第1章　日清戦争は、極東をめぐるイギリスとロシアの代理戦争
第2章　日英同盟と太平洋をめぐるイギリス、アメリカ、日本の思惑
第3章　日露戦争と日本、ロシア、アメリカの思惑
第4章　オーストリア大公暗殺がなぜ第一次大戦を招いたのか
第5章　第一次大戦を起こしたかったチャーチル
第6章　のちのちに禍根を残したベルサイユ条約
第7章　ロカルノ条約で強化されたベルサイユ体制
第8章　対立が進む日米、ソ連に翻弄される日本
第9章　日米開戦を求めていたアメリカ

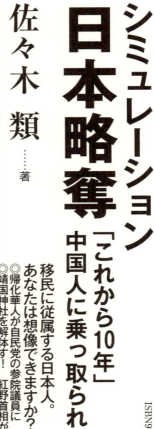